U0479095

国家京剧院艺术家系列丛书

瑶草琪花

刘琪 画传

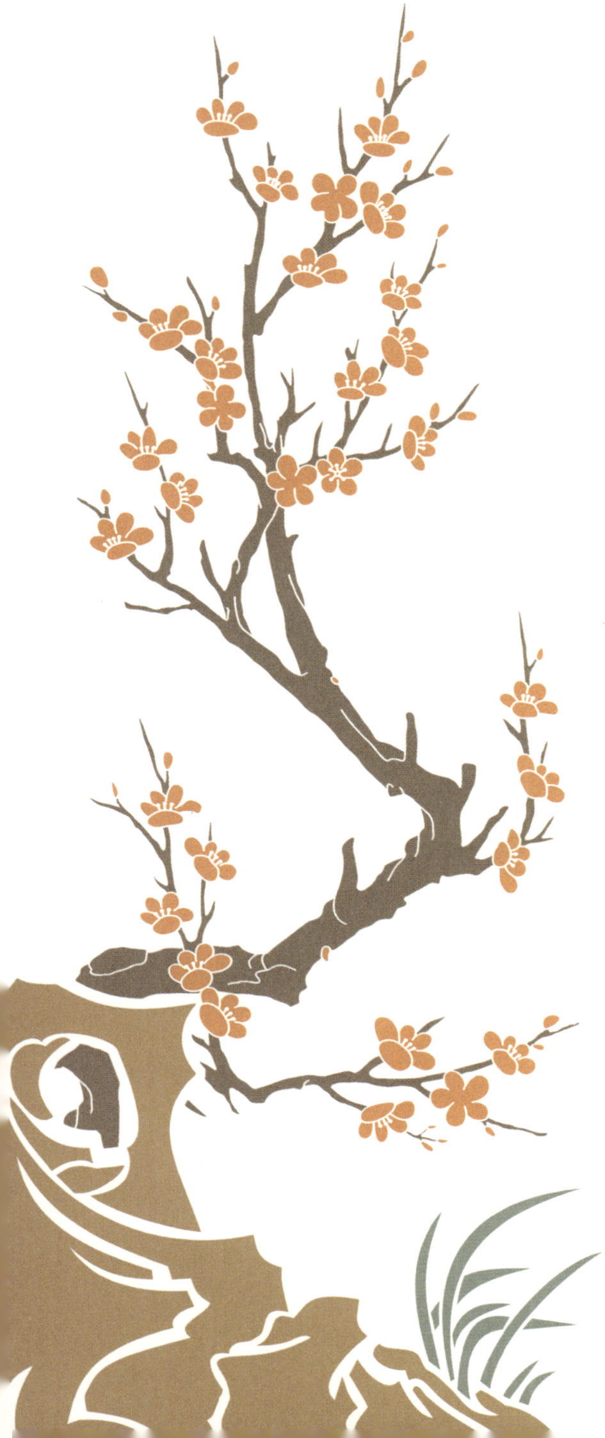

鲍婧 彭维 编著

·北京·

图书在版编目（CIP）数据

瑶草琪花 ：刘琪画传 / 鲍婧，彭维编著．
北京 ：文化发展出版社，2025．1．—（国家京剧院艺术家系列丛书）．— ISBN 978-7-5142-4506-6

Ⅰ．K825.78-64

中国国家版本馆CIP数据核字第2024N5Q329号

国家京剧院艺术家系列丛书

瑶草琪花

刘琪画传

鲍 婧 彭 维 编著

出 版 人：宋 娜
责任编辑：周 蕾　　责任校对：侯 娜 马 瑶
责任印制：邓辉明　　封面设计：多杰太
出版发行：文化发展出版社（北京市翠微路2号 邮编：100036）
发行电话：010-88275993 010-88275711
网　　址：www.wenhuafazhan.com
经　　销：全国新华书店
印　　刷：北京利丰雅高长城印刷有限公司

开　　本：787mm × 1092mm　1/16
字　　数：132千字
印　　张：13.5
版　　次：2025年1月第1版
印　　次：2025年1月第1次印刷

定　　价：158.00元
I S B N：978-7-5142-4506-6

◆ 如有印装质量问题，请与我社印制部联系　电话：010-88275720

|国家京剧院艺术家系列丛书|

主　　编

王　勇　袁慧琴

副主编

魏丽云　田　磊　张勇群

执行副主编

彭　维

国家京剧院艺术家系列丛书

总序

万物静默如谜　图文自有天地

曾经一个懵懂青年，他怀揣着青春梦想，在这里成长，从这里“出走”，又重新回到这里，对这里始终充满着感激和依恋，有着复杂和深厚的情感。这个地方就是国家京剧院，我就是那个青年。

国家京剧院是人民的剧院，是党和国家的剧院。从鲁艺旧剧研究班开端，到鲁艺平剧团、延安平剧研究院，再到 1955 年 1 月 10 日中国京剧院成立和 2007 年正式更名国家京剧院至今，待到 2025 年 1 月 10 日，国家京剧院即将迎来建院 70 周年华诞，作为文化和旅游部直属的唯一国家戏曲院团，毛泽东、邓小平、江泽民、胡锦涛、习近平等党和国家领导人都对剧院的建设和发展给予了无微不至的亲切关怀和大力支持，其命运和历程始终与祖国、与人民和党的文艺发展方向紧密联系在一起。在历史绵延、时代变幻的重要关口，我们总能感受到国家赋予京剧和剧院的特殊地位，感受到投身民族文化传承和文化自信建构的伟大使命。

回望 70 年辉煌历程，剧院承载着导向性、代表性、示范性职能，始终听党话、跟党走。在党的领导下，剧院数代表演艺术家、演奏家、剧作家、导演、作曲家、舞台美术家、史论评论家，用心血和汗水铸就了京剧艺术的时代光华与声名远播。表演艺术大师梅兰芳、李少春、袁世海、叶盛兰、杜近芳，导演阿甲，剧作家翁偶虹、范钧宏……一串串闪光的名字享誉四海。从延安革命时期引领戏曲改革先声，到如今迎面百年未有之大变革，剧院始终坚持推陈出新、守正创新的艺术理念，实践善于继承、精于借鉴、勇于创新、长于塑造人物形象的艺术追求，也逐渐形成了艺术严谨、舞台清新、阵容齐整的艺术风格。前贤后侪，薪火相续，剧院排演了600多部不同题材、体裁的优秀剧目；担负了文化交流的重任，出访50余个国家和地区，为增进中国人民同世界各国人民的友谊做出了历史性贡献。

日月沧桑流转，文明血脉汩汩相续。喧嚣沸腾的大数据时代，网络无限发达的当下，诗人们深情吟咏万物静默如谜，我期待艺术自在发声。作为浸淫戏曲和相关艺术创作多年的从业者，作为也曾听说和见证剧院辉煌历史的后来人，我深感剧院一代又一代艺术家承载着中华优秀传统文化继往开来的历史使命，担当着建立戏曲传承谱系、高扬传统文化旗帜的职责，艺术家们的辉煌成就见证和体现了党领导下的人民艺术、国家院团在民族文化发展史上的重要影响，在艺术领域的耕耘与积累树立了中华文化的民族尊严和东方形象，在世界舞台上也书写下了浓墨重彩的独特华章。艺术的美和美的创造者应当发声，以自在的独特方式。

京剧是多么令人心醉神迷的艺术，历200余年传承发展，融音乐、舞蹈、戏剧和美术等多种形式于一体，其独特的丰富性和鲜明的民族性彰显了中华文明的连续性，创新性，统一性，包容性，和平性，其本身也成为最具民族特色的国家文化名片和鲜明艺术标志之一。相应地，京剧艺术家们作为中华优秀传统文化典型形态和重要内容的表演者、表现者，他们创造的美的形式与丰蕴内涵值得被珍视、被保存、被铭记、被传扬。在对艺术资料的保护与抢救上，把非物质文化遗产的重要承载者和一代又一代传承人作为保护重点，实现口传心授的记录与视像化留存，实乃剧院的重要工作内容之一。近年来，剧院举办了一系列艺术家座谈会和纪念演出，深情缅怀李少春、袁世海、叶盛兰、杜近芳、张云溪、张春华、李世济、刘秀荣、张春孝等艺术家，也格外珍视、珍惜尚且健在的艺术家。非遗活态传承的工作虽然千头万绪，但出版“国家京剧院艺术家系列丛书”的念头一直萦绕在我的心头。作为剧本创作者和文艺院团管理者，我珍惜文字、图片、视像，想方设法留住曾经和正在发生的那些美，用文字、用图片、用心去记录这些美的瞬间与美的创造者。

在我的阅读经验中，能读到具有传奇风采的艺术家文本与图册也是人世间的纯粹乐事之一，在或真实，或灵动，或深邃的文字里，在或美丽，或完整，或残缺的图片里，在或明或暗的光景间，在或浓或淡的色彩中，那些瞬间的在场或者离场都会开辟出新的视域与场域。翻开书，阅读者仿佛在参与书传对象的别致人生，自我个体也会在那些美好的艺术家身上得到更加个性化、更加艺术化的熏陶与洗礼。杰出的灵魂留下的经验是对生活的捕捉、对生命的体悟，它让你与过去重遇，与当下接通，也引发你对未来的期许和对诗与远方的向往。我希望“丛书”里略显疏阔的叙述和用心精选的图像能给读者提供这样的光照与尺度，记住过去，展望未来，鼓舞更多的人去尝试追求更有价值的、更加美好的艺术与人生。

我于 2020 年冬回到剧院，转过春节“国家京剧院艺术家系列丛书”项目正式启动，梳理卷帙浩繁的史料档案，以“描绘国京谱系，书写名家艺事，铸就国粹精神，打造文化名片”为宗旨，以对历史文献进行再创作的理念，通过图文并茂的画传、评传形式，力求呈现出剧院历代艺术家的生平事迹、艺术谱系、舞台风采和人格魅力，讲好台前幕后的故事，建立一份生动的、有关剧院的、有关京剧的别样档案，也为读图时代的现实渴求提供更加丰富、可靠的路径。“丛书”文史结合，图文并构，第一批付梓在即，我的内心实在欢欣而忐忑。

记忆是我们留给世界的唯一证据，唯有铭记，精神的光才可能突破有限的生命极限，实现无限的指引。往事并不如烟。记忆的长河或滔滔汩汩、奔涌澎湃，或泠泠淙淙、婉转从容，“丛书”勉力而为之，也不过撷取漫溢浪花数朵，载入簿册，雪泥鸿爪，且付从容翻阅。

全国政协委员
国家京剧院院长
中国戏剧家协会副主席
王勇
2025 年 1 月

氍毹舞春秋

武旦，在京剧生、旦、净、丑行当类型中属“旦行”。武旦的“武”，顾名思义，武打肯定是见长的。我以为，戏曲的武打程式，都是高度凝练的舞蹈。学术界也有“唱、念、做、舞”一说，我深以为然。所以，“武”即“舞”，似乎亦无不可，尤其武旦之“武”。到底是“武”还是“舞”暂且不论，但提起京剧武旦，京剧圈、戏曲界几乎无人不知、无人不晓的，便是著名京剧武旦表演艺术家、教育家刘琪老师。

刘琪老师 1938 年 5 月出生，祖籍山东文登，后随家人到东北。9 岁那年，即 1947 年，她入“咏风社”科班学艺，因身材与同龄人相比略显瘦小、玲珑，授艺老师有意将她往“武”的方向培养，这也成了刘琪老师“择一行、终一生”的选择和坚守——武旦。中华人民共和国成立后的东北百业俱兴，一派欣欣向荣的景象，“咏风社”科班更名为东北实验戏曲学校，刘琪老师从科班的学徒变成了新中国新式学校的学生，5 年后，东北戏校并入中国戏曲学校，她辗转来到了首都北京。

1959 年，刘琪老师学业有成，如愿成为中国京剧院（现国家京剧院）一员，迎来一片更广阔的天地，踏上一方更肥沃的舞台。她珍惜机缘，台下山后练鞭，厚积薄发；台上用志不分、乃凝于神。她求知若渴，师从“四小名旦”之一的宋德珠先生，学习“宋派”戏，技艺显著地提升，再加上李少春、袁世海、叶盛兰、杜近芳等大家的指导和提携，初出茅庐的她已显露出非凡的创造力，在《虹桥赠珠》《扈家庄》《小放牛》《小上坟》《白蛇传》《打焦赞》《挡马》《武松打店》《八仙过海》《春香闹学》《秋江》《能仁寺》《金山寺》

《拾玉镯》《杨门女将》《凤凰二乔》等剧目的历练中，艺术上臻于成熟，逐渐形成了自己独具特色的表演风格。1992 年，刘琪凭借《扈家庄》《小放牛》中的精湛表演荣获“梅兰芳金奖大赛”旦角组金奖。

但凡熟悉刘琪老师的人，都说她是剧院练功最刻苦的一个，“除了到外地演出，几乎没有一天不见她一手抱着枪和靠旗，一手提着盛满练功用物的草篮，向练功棚走去的情景。”风霜雪雨不辍，春夏秋冬依然，正是凭借这份几十年如一日的执着和苦练，她的“出手”抛、接、踢、耍，准、帅、脆，漂亮精准；开打干净利落，疾如风驰电掣；扮相妩媚俏丽，嗓音婉转动听，但她从不单纯卖弄技巧，而是武戏文唱，通过唱念做打塑造人物，使所饰角色情技交融，血肉丰满。70 余年氍毹春秋，70 余载艺术人生。刘琪老师在其众多代表性作品中，塑造了众多武旦行人物形象：《扈家庄》中英姿飒爽的扈三娘，稳如秀峰、行若狂飙；《虹桥赠珠》中翩若惊鸿的凌波仙子，绚丽多彩，飞枪缭绕；《小放牛》中天真烂漫的村姑，娇小玲珑，活灵活现；《打焦赞》中武艺超群的杨排风，舞棍生风，大显身手，令人难以忘怀，记忆犹新。

刘琪老师多次走出国门作文化交流演出，传播国粹京剧艺术，弘扬中华优秀传统文化，缅甸、原苏联、法国、瑞士、委内瑞拉、哥伦比亚、古巴、加拿大等国家都留下她作为“文化使者”的身影。她还曾冒着纷飞战火，随中国人民赴朝慰问团为最可爱的人——中国人民志愿军演出，这一段经历成了她永志难忘的记忆。

刘琪老师对京剧艺术的热爱始终如一，血脉早已与京剧艺术融为一体，随岁月流转、时光沉淀，她的艺术体悟愈加充盈，人生阅历更为丰富，艺术境界也越来越高。尽管如此，她却没有只是颐养天年，享受安逸生活，对于京剧的敬畏和热爱促使她将其毕生“武艺”倾囊相授，以拳拳之心和殷殷之情把前辈教授于她的技艺又无私地传承给她的学生，培养了一批又一批优秀的武旦行后继人才，用她的智慧和勤勉反哺这片养育她的京剧沃土。刘琪老师虽不主张拜师收徒，却桃李广布，教授过的学生不计其数，不仅是京剧演员，也包括来自全国各地地方戏剧种的演员，都慕名登门求学，程门立雪。经她教过的学生大多已成长为当今戏曲舞台上的支柱、剧院团的当家武旦。演员们的一招一式、一出手一投足，甚至一个表情、一个眼神都有着刘琪老师的“影子”。如今的刘琪老师，可谓桃李满天下。每当学生演出的时候，她总会亲自“把场”，认真仔细地记录优缺点，回头再给学生一一点拨，竭尽全力地传授自身丰富的舞台经验，致力于京剧艺术的传承发展。2012 年，刘琪老师众望所归，被评为国家级非物质文化遗产项目（京剧）代表性传承人。

在紧张、繁忙的工作之余，我常到排练厅去转转，总能见到刘琪老师仍然诲人不倦的身影，80 多岁的她亲自“上阵”“下场”，手把手地示范场景，成了一道最美的风景线。有一回，刘琪老师拉着我的手，语重心长地说：“院长，带团不容易，很辛苦！剧院对年轻人的重视和培养我们这些过来人都看到了，可我还是要提点儿意见和建议，就希望给年轻人更多的演出实践机会。”耄耋之年的刘琪老师，虽一头银发却不失武之英气，依旧是当年的率意轻盈，她的那一份对学生如同母亲对孩子的爱，还有对京剧事业的赤子之心，闻者为之动容。

“给年轻人更多的演出实践机会。”刘琪老师说的话掷地有声，也正是我们今后努力工作的方向。

氍毹方寸舞春秋，蜡炬薪火桃李扬。

王勇

2025 年 1 月

刘琪

（1938—）

1938 年 5 月 6 日生于山东文登，京剧武旦演员。

国家级非物质文化遗产项目（京剧）代表性传承人。国家京剧院艺术指导委员会委员、一级演员，国务院政府特殊津贴专家，中国戏曲学院荣誉教授，中国京剧优秀青年演员研究生班导师，中国戏剧家协会会员。

1947 年，9 岁的刘琪进入东北"咏风社"开启求艺之路，1950 年转入东北实验戏曲学校，1955 年随学校一起并入中国戏曲学校（现中国戏曲学院），1959 年毕业，同年被分配至中国京剧院（现国家京剧院）。她先后师从邱富棠、马宗慧、赵桐珊以及"四小名旦"之一的宋德珠等名师，基功扎实、动作规范、开打灵巧，她形象俏丽，性格活泼，嗓音甜美，表演灵动优美，刻画人物细致入微。

刘琪能戏颇多，在《扈家庄》《虹桥赠珠》《小放牛》《打焦赞》《杨门女将》《盗仙草》《武松打店》《小上坟》《八仙过海》《草原英雄小姐妹》《小保管上任》《春香闹学》《秋江》《能仁寺》《五岔口》《挡马》《金山寺》《白蛇传》《拾玉镯》等常演剧目中形成了自己独具特色的表演风格。

70 余载艺术生涯，刘琪获得了多项重要荣誉：1979 年被评为文化部"三八红旗手"，1991 年获潍坊"世界风筝都中国京剧演员邀请赛最佳表演奖"，1992 年凭借《扈家庄》《小放牛》的精湛表演夺得"梅兰芳金奖大赛"金奖，1993 年起享受国务院政府特殊津贴，1996 年获得文化部教育司颁发的"全国中等艺术学校戏曲教学大赛团体决赛优秀园丁奖"，2012 年入选第四批国家级非物质文化遗产项目（京剧）代表性传承人，2017 年获得中国戏曲表演学会颁发的"终身成就奖"。

1953 年，15 岁的刘琪随中国人民赴朝慰问团为中国人民志愿军演出，获得西海岸政治部颁发的个人荣誉奖。多年来，刘琪数次参与重大外事活动并随团出访演出，演出《虹桥赠珠》《盗仙草》等其代表作品，精彩的舞台呈现受到各国观众的热烈欢迎。

在自身的表演艺术取得卓越成果的同时，刘琪在对后辈的教学过程中毫无保留，倾囊相授，一招一式、一颦一笑、一板一眼，精益求精。如今已耄耋之年的刘琪仍活跃在排练厅和剧场，为"80 后""90 后""00 后"的学生们坐镇把关、倾尽心力，指引她们在国粹京剧的广袤大地上恣意驰骋。

目录

第一章　求艺问道　/1

第二章　代表剧目　/13

第三章　文化交流　/111

第四章　传道授业　/133

第五章　硕果累累　/185

附　录　刘琪大事年表　/192

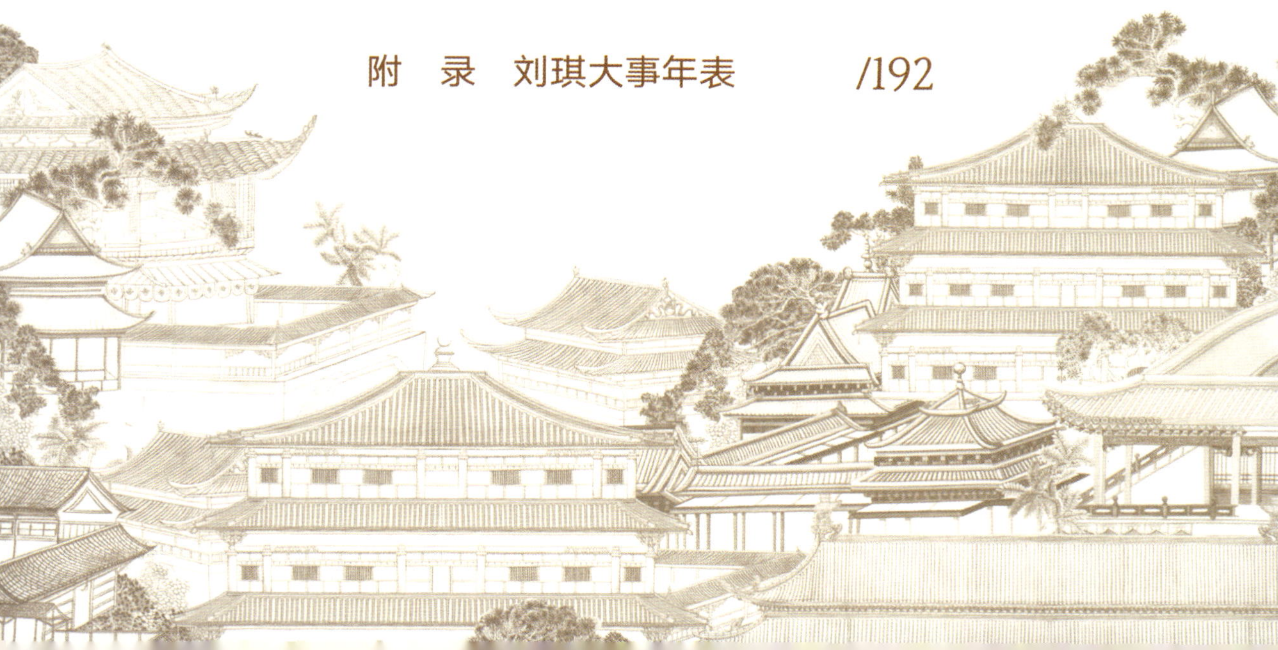

【第一章】

求艺问道

第一节

从科班到戏校

氍毹方寸初露尖尖角

1938 年，刘琪出生在山东文登。她家境贫寒，父亲刘友学在外谋生以维持家庭开销，母亲为人做活以补贴家用。在这样的环境下，刘琪与哥哥刘亮从小就非常懂事，帮着家里捡煤炭、拾柴火、生炉子，承担起家庭生活重担。后来，迫于生计压力，刘琪全家迁至辽宁丹东。屋漏偏逢连夜雨，母亲的早逝使得这原本贫寒的家庭雪上加霜。父亲常年在外，根本无暇照顾刘琪与哥哥，因其曾是京剧票友，酷爱京剧艺术，便力主刘琪学戏。1947 年 12 月 8 日，9 岁的刘琪和哥哥刘亮与班主刘兆琪立下“打死勿论”的卖身契，进入“咏风社”科班学戏，艺名刘咏霄、刘咏霖，从此结下了她与京剧的不解之缘。

刘兆琪先是办安成舞台，邀请各地名演登台，收益增加后便开设科班，聘请马宗慧、邢威明、白玉昆等老师教学、演出，科班培养出的演员便给安成舞台当配演、跑龙套。“咏风社”建社时，正值社会大变革之后，学生大多家境贫寒，更有父母不全者。科班生活条件极苦，教学课程也极为紧张。学生们早 5 点起床，排队到锦江山喊嗓子；上午练功学戏，下午学习并完成各项基本功训练；晚上或观摩大团演出，或学习《天官赐福》等曲牌，或由徐盛达老师讲戏曲故事；夜间 11 点，待剧场观众散尽后再练一遍武功，直至午夜。当时，安成舞台的演出水平在丹东首屈一指，尽管生活艰苦，但学习条件却是十分难得的。

初到科班，首先培养的就是吃苦好学的品质。刘琪回忆，科班硬件条件极差，一年四季不见油水，一日三餐都是咸菜、清水煮白菜帮子加混合面蒸糕。晚上睡觉两个学生一条被子，打通腿儿，冬天被子经常和墙壁粘冻在一起。每日天不亮就随老师到山上喊嗓，回

来接着练功、排戏，晚上演完戏打扫剧场。没有周末，没有节假日，由于睡眠不足，学生们常常似醒非醒地走路。

但这些还不是最辛苦的。科班历来有“不打不成才”的授艺准则，主课教师徐盛达将富连成靠打骂管理学生的方法原封不动搬到了“咏风社”。在这里，“打通堂”是家常便饭；劈腿、搬腰、拿顶、跌扑翻打、唱念做打，每项都需吃苦受罪。小刘琪经历了一番脱胎换骨的改造与锤炼，却由于疲劳过度和缺乏营养，多次休克倒地。这种残酷的训练方法对于孩子来说是不仁慈的，但它有时候又恰是造就一代名角所必需的——把艺术技艺从小“打”进演员的肌筋骨肉之中，让人永生弃之不舍。

刘琪第一次登台演出《五花洞》的红蛇大仙时，台下掌声不绝——自此她便着魔似地爱上了京剧。忆及《五花洞》，刘琪提到了自己 9 岁入“咏风社”时的第一位老师马宗慧。这位东北的名演员艺名白牡丹，刘琪的第一出开蒙戏《五花洞》就是跟随马老师学习的。在马宗慧看来，年幼的刘琪不仅是他的学生，更是自己的孩子。一次学习中，刘琪发烧了，马宗慧的妻子便把她抱回房里，给她盖上被子，还喂她姜糖水喝，这让年幼的刘琪感受到了久违的温暖。马老师将其精湛的技艺悉数传授给她，令刘琪终身受益。

刘琪在科班时，由于身形娇小、性格活泼，敢出怪样，不惧扮丑，因此在舞台上经常以彩旦、武旦应工。她在与马宗慧同台表演的《孔雀东南飞》中以彩旦应工，在《能仁寺》中饰演赛西施。演出《大溪皇庄 · 十美跑车》时，彩旦扮相的刘琪最后一个出场，报名“还有我，小不点儿”时，引得全场观众哄堂大笑，掌声不断，老师和观众都对她喜爱有加。

1948 年 8 月，时任中共辽东省委宣传部部长刘芝明委派仇戴天、崔碧云接管“咏风社”，着力改善学生们的学习和生活条件。教学体制改为半工半读、边学边演，观摩学习与舞台实践结合，慰问解放军和营业演出并行。1950 年，中华人民共和国成立后，学校更名为东北实验戏曲学校（以下简称“东北戏校”），学生大多来自“咏风社”科班。刘琪回忆：“那时起，我们好像进了天堂，发统一服装，戴八角帽、红领巾，很神气，吃的住的全由国家供给。我们这些苦孩子只有一心好好学、好好练，才能报答党的恩情。”

在科班和学校期间，刘琪掌握了《小放牛》《打焦赞》《春香闹学》《扈家庄》《三击掌》《宇宙锋》《奇双会》《金山寺·断桥》等剧目，文武昆乱不挡，实现了全面发展，进入了她学生生涯的黄金时代。梅派弟子李香匀教会她《霸王别姬》《凤还巢》《三击掌》《奇双会》等一些正工青衣戏，萧连芳传授她昆曲《断桥》和《小放牛》等一些偏重做打的戏，赵桐珊（芙蓉草）向她传艺刀马戏，如《悦来店》《穆天王》等。这些使得她日后演出《扈家庄》《小放牛》《小上坟》等剧目时，无论是舞枪弄棒、圆场疾飞，还是闪展腾挪、演唱道白，始终轻松自如。

学习的同时，学校每周还要举办两至三次的夜间实习响排、彩排以及对外的公开演出。有时要招待外宾，有时要在剧场售票，有时还要到外地巡演，这些都为刘琪的舞台实践打下了坚实的艺术基础。刘琪饰演《四杰村》里的鲍金花时，虽不是主要角色，却将人物塑造得鲜明亮丽，很有特色。袁世海、李少春当年去东北看戏，观看她的演出后说：“演戏看戏，不是非看角儿演得如何，我看了鲍金花就印象很深。好！”一个“好”字给予刘琪极大的肯定和鼓舞，促使她百尺竿头更进一步。

:: 中国戏曲学校沈阳分校京剧教师合影

学校在历史浪潮中不断更迭。1952 年，学校划归东北文化部戏曲研究院。1954 年，东北行政区撤销，学校改称中国戏曲学校东北分校（当时学校在沈阳，也称沈阳分校）。1955 年 2 月，东北分校到北京汇报演出，曲咏春、王威良、吕稷风、

:: 刘琪与同学们在学校院子里练出手

杨韵青、宋丽棻、刘刚、刘亮、刘习中、孔昭、孔雁、林平、王竹铭、刘匡捷和乐队刘越、琴师杨津亭等人合并至中国戏曲学校实习剧团。同年10月，东北分校全体师生员工迁往北京，并入中国戏曲学校。

初到北京的刘琪无亲无故，休息时间也用来刻苦练功。一些家在外地的同学在刘琪的影响和带动下，也利用节假日练起私功，形成了你追我赶、苦练基本功的热潮。为了能够清晨早起多练功又不影响宿舍同学休息，刘琪每天都提前穿好衣服躺在床上，等起床铃一响，就第一时间冲出去练功——她就是这样珍惜时间、分秒必争的。

刘琪不仅重视武功的训练，还十分重视文戏的修养。孙盛文老师发现刘琪有武功见长的特点，又知道她有极高的练功自觉性，便在督功方面未作过多催促，而是时刻提醒她注意全面发展，力争成为文武双全的演员。在老师们的指导和帮助下，刘琪先后学演了《审头刺汤》《三击掌》《霸王别姬》《凤还巢》《贵妃醉酒》《悦来店》《春香闹学》《拾玉镯》《珍珠烈火旗》《战金山》《扈家庄》《打焦赞》《八仙过海》《小放牛》《小上坟》《铁弓缘》《秋江》《盗仙草》等剧目，使自己在文武两面都取得了长足进步。由于过去在丹东"咏风社"科班学习期间只学技术不学文化，她的文化课水平与同龄学生相比略低，但是她刻苦努力地补课，很快追赶上来。1959 年，她以优异的成绩从中国戏曲学校毕业。

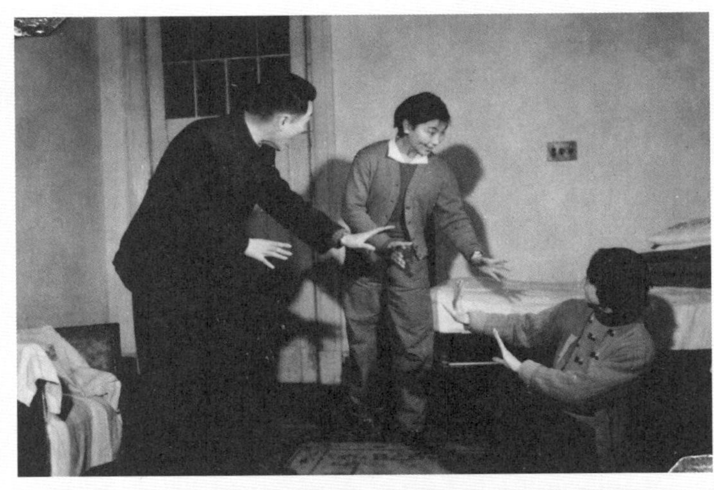

:: 郑亦秋导演给刘琪、杨秋玲说《杨门女将》杨文广和穆桂英的剧情

:: 刘琪练功场景

:: 宋德珠老师给刘琪、郭锦华说《扈家庄》

第二节

从戏校到剧院

负笈求学 备受关爱

:: 1960 年的刘琪

1959 年，刘琪从中国戏曲学校毕业，分配到中国京剧院（现名国家京剧院）工作。

刘琪对京剧的热爱并未随着学业期满而终止，被分配到中国京剧院的她非常珍惜这个工作机会，更为刻苦敬业。排练演出之际，刘琪积极向前辈大家求教学习，艺术家们也对这位勤奋好学的年轻人倾囊相授。此外，她还经常观摩学习其他前辈与同事们的排练演出，其中张云溪先生和谭韵寿先生合作的《武松打虎》就给刘琪留下了深刻的印象。

:: 《武松打虎》张云溪饰演武松

刘琪说："以现在的标准看，我学戏的条件并不是很好，个子不高。但当时，就连杜近芳先生也不算太高，所以那个时代的人都不过分讲这些，讲的是艺术质量。我对自己的天分有自知之明——不是好个头、不是好嗓子、不是好扮相、不是很聪明。我只能笨鸟先飞，不管怎么刻苦我都学，在学习上一点也不放松。凡是有好的演出，无论多远我都跑去观摩。记得一次从北池子跑到文化部礼堂，扒着门缝看关肃霜老师练功，关老师发现后让她的下属开门，看见是我，先生就乐，'哎哟，小

刘琪，你怎么扒门缝看呢？你过来呀，你想学什么我能不教你吗？’她很肯定我的用功，喜欢我的爱学，所以特别愿意教我。碰到了这么多好老师，对我这么爱护，我深感幸运，因此也就拿出了百分百的精力来学。”

武旦演员学戏演戏免不了伤筋动骨，刘琪曾经骨折过三次。第一次骨折是在东北戏校练习马宗慧老师教的《扈家庄》。戏校地面是用砖头拼在一起的，中间有缝。漂腿时她的脚卡在缝里，拿着戟的右手被压在身下，大拇指便被压折了。当时她没有去医院，只是让私人医生看了看，结果骨头没有接好，她只得忍痛自愈。第二次骨折是在中国戏曲学校排练《闹龙宫》，她饰演龙女，被猴子糟（zào）头压下来，左肩骨折。但她舍不得放弃宝贵的演出机会，所以没有告诉任何人，当天晚上还坚持演出《战金山》。第三次骨折是在中国京剧院响排《八仙过海》。在过包踢枪时她表现不佳，因此排完戏后李景春热心地邀请她和郭森再练过包。几次尝试后，大家都较为疲惫，刘琪不慎脚部骨折。到医院打上石膏后，她不愿放弃演出机会，只休息了十天就请求打开石膏，忍痛锻炼。不到两个月，刘琪就随二团赴各地巡回演出了。

忆及剧院的前辈，刘琪心存感恩。她于1963年进入中国京剧院二团，后来到中央五七艺术大学教课，此后又回到二团，与李和曾、景荣庆、孙玉奎、赵永泉、张春华、张云溪等先生合作。前辈们对刘琪、李景德、单体明这些小辈就像对待自己的孩子一样，百般爱护，通过不断打磨，帮助他们成长成才。

:: 20世纪80年代初中华全国文学艺术工作者代表大会现场合影，右起：高玉倩、沈健瑾、夏梦、李世济、刘琪、单体明

刘琪在手写资料中列明了曾传艺给她的恩师和她曾合作过的前辈大师：

徐盛达（科班主教师父）——教授各项基本功

马宗慧（艺名“白牡丹”）——《玉堂春》《五花洞》《扈家庄》《花木兰》《春香闹学》

耿庆武——《四杰村》《巴骆和》

耿素娟——《打焦赞》

李香匀——昆剧《金山寺》、《奇双会》（《哭监》《写状》《三拉》），京剧《三击掌》《凤还巢》《审头刺汤》

萧连芳——《小放牛》、昆剧《断桥》

方连元——《战金山》《棋盘会》《青石山》

林凤春——《泗州城》跷功、出手、四根鞭

张和元——《孔雀东南飞》、《凤还巢》、《能仁寺》彩旦

赵桐珊——《能仁寺》《穆柯寨》《贵妃醉酒》

高富远——《昭君出塞》

邱富棠——《打青龙》《打孟良》《打焦赞》《打韩昌》

杨啸云——《乌龙院》《坐楼杀惜》

程玉菁——《珍珠烈火旗》

于玉蘅——《宇宙锋》

李金鸿——《思凡》《拾玉镯》

阎世善——《打瓜园》《陶三春》

宋德珠——《扈家庄》

关肃霜——《打焦赞》《盗库银》

张美娟——《打孟良》、《现代舞姿》（十八式）

阳友鹤、周企何——川剧《秋江》

陈伯华——汉剧《柜中缘》

陈素真——豫剧《挂画》

张春华——《小放牛》《挡马》《借扇》《凤凰二乔》《战洪峰》

学过的移植改编剧：《小保管上任》《端花》《秋江》《柜中缘》《五岔口》《草原英雄小姐妹》

:: 刘琪、叶红珠拜师李金鸿

:: 刘琪与李金鸿合影

:: 刘琪与阎世善合影

【第二章】代表剧目

第一节

飒爽英姿

《扈家庄》

京剧《扈家庄》的故事出自《水浒传》第四十七回，讲述的是：北宋时，祝家庄和扈家庄联盟与梁山作对，梁山宋江引兵攻打。扈家庄的三小姐扈三娘闻讯率领庄丁迎战，凭其出神入化的武艺生擒王英、重创李逵，最终为林冲所擒归顺梁山。

虽然《扈家庄》一剧戏剧冲突简明，但要将其中人物的神韵完美呈现在舞台上却并非易事。通过唱、念、做、打等多种技巧以及带剑起霸、执戟圆场、翻身掏翎、刀枪下场等高难动作，刘琪形象地表现出扈三娘性格中的骄、娇、帅、美，显示了她深厚的艺术功力。这部刘琪演出了近半个世纪的传统戏，也逐渐成为考验刀马旦、武旦水准的必备剧目之一。

刘琪曾学了多次《扈家庄》。最早是在东北科班的时候，马宗慧老师教得横平竖直，刘琪规规矩矩地初次学习，但由于当时手指骨折，未能演出。来到北京中国戏曲学校后，刘琪在课堂上跟随邱富棠、方连元、范富喜 3 位老师又学了《扈家庄》，得到了很大提高。最后是跟随河北省艺术学校的宋德珠老师学习，同时，得到了张春华老师的指导。那时候的刘琪如获至宝，每天都在琢磨练习："宋德珠老师将扈三娘演活了，注入了灵魂，使得扈三娘成为一个活生生的人物，有喜怒哀乐，蔑视、狠劲、敬畏等情绪都表现得淋漓尽致。那可是再次开眼——还有这样演扈家庄的！"

为了能够将扈三娘演得惟妙惟肖，刘琪特意买了北海公园的年票，连续 3 年每天清晨五点半起床，挟着刀枪把子，跑着圆场去北海公园。到公园正好六点半，她便开始喊嗓子、

压腿、练基本功，练完了就拉《扈家庄》，一步一步按照老师的要求来。刘琪说：“这3年恐怕是连冬天的气管炎都练好了，也不咳嗽了。我小时候本来有气管炎，就是这么练好了的。”

对于《扈家庄》的学习，刘琪并非亦步亦趋地沿袭前辈的路径，而是博取众家之所长，结合自身条件，抽丝剥茧般地深入理解角色，逐渐丰富肢体表达。袁世海老师曾对刘琪说：“学我你就死了，你不过是像我。好好学我，用我的东西发挥你自己的特长才能活。”刘琪谨记教导，怎么好、怎么有意境、怎么美、怎么体现人物性格、怎么符合自己条件便怎么来演出。凡是圆场的时候，她都用小步、碎步加上准确的锣鼓点亮相，上身则按照老师的要求力求飘逸。

20世纪60年代，《扈家庄》辍演了10余年，刘琪怀着强烈的愿望想恢复这出戏，却迟迟未能如愿。然而她并未争辩，只是加紧“山后练鞭”，等待时机。1979年，演出团在河南许昌巡回演出。演出结束，观众未散尽，乐队、舞美队则仍各司其职，等待开锣。此时，扮作扈三娘的刘琪翩然而至。原来，这一切都是刘琪和同事们的策划安排。彩排震惊了全团，团长和艺术指导当即确定《扈家庄》为后续上演剧目，刘琪得到了全团的祝贺，剧场炊事员看完彩排后主动为她做排骨面以示慰劳。《扈家庄》由此恢复演出，受到了观众的热烈欢迎和专家的高度评价。刘琪争演《扈家庄》的故事从此在院内外被传为美谈。

1999年，刘琪在北京长安大戏院演出了《扈家庄》，为新中国成立50周年献礼。演出中，她满宫满调、英姿飒爽、举重若轻，无论“起霸”“走边”还是武打，都紧紧把握了人物性格，将扈三娘的恃勇、骄狂表现得恰如其分，同时又体现出武旦的刚健和柔美，将扈三娘对王英的戏谑、与李逵的勇战和与林冲的拼死搏斗展现得层次分明、节节递进，引起全场阵阵喝彩。掌声的背后，是刘琪多年来对戏中人物的不断探究与精心打磨。

:: 《扈家庄》刘琪饰演扈三娘

:: 《扈家庄》刘琪饰演扈三娘（1992 年梅兰芳金奖大赛现场照片）

:: 《扈家庄》刘琪饰演扈三娘（1992 年梅兰芳金奖大赛现场照片）

∷《扈家庄》刘琪饰演扈三娘

::《扈家庄》刘琪饰演扈三娘，马建华饰演王英

::《扈家庄》刘琪饰演扈三娘，田文善饰演李逵

:: 《扈家庄》刘琪饰演扈三娘

:: 《扈家庄》刘琪饰演扈三娘

:: 《扈家庄》刘琪饰演扈三娘，刘波饰演王英

:: 《扈家庄》刘琪饰演扈三娘，侯连生饰演王英

敬业刘琪闹长安

记者赵晓东）中国京剧
京长安大戏院演出《扈
庄》，作为向建国50年
精彩的演出让观众赞

》是刘琪演出了近半个
，是考核刀马、武旦的
。刘琪通过唱念做打

性格中的"骄、娇、帅、美"等多个侧面。剧中的带剑起霸、执枪圆场、翻身掏翎、刀枪下场等高难动作，刘琪演来得心应手，举重若轻，显示了她深厚的艺术功力。

与梁山好汉的对打，刘琪将扈三娘对王英的戏打、对李逵的勇战、对林冲的拚死搏斗揭示得层次分明，节节递进，引起全场持续不断的喝彩。

现今，社会流行"男士不讲钱数，女士不讲岁数"。可记者还是忍不住要告诉大家，台上勇猛矫健的刘琪今年已是62高龄。宝刀不老，全靠日日不辍的勤奋练功。难怪一位中国戏曲学院的学生看过演出后，流着眼泪地感叹：真是功夫不负苦心人！

:: 1999年10月4日第38期《戏剧电影报》报道刘琪饰演的扈三娘

第二节

天真烂漫

《小放牛》

传统剧目《小放牛》又名《杏花村》，讲述的是：欲往杏花村买酒的村姑路遇牧童，调皮的牧童令她歌唱一番才予放行，二人对唱歌舞，一问一答，恰似一幅美丽的田园诗画。

《小放牛》这出地道的功夫戏难度不低，踩着锣鼓点登场的刘琪动作矫捷，身段优美、功夫精纯，通过“跑驴”“圆场”“打脚尖”等技巧把村姑的天真烂漫表演得活灵活现。北京大学教授金开诚评论刘琪出演的《小放牛》时曾说：“《小放牛》载歌载舞，实属不易，但动作仍然高度准确，恰到好处，所以应该得到很高的审美评价。最后的快舞快唱使得只有两个人的舞台充满热烈气氛。”

东北戏校曾聘请富连成小生名家萧连芳说戏教课，既教花旦、青衣，也教小生，刘琪十几岁时便跟随萧先生学习《小放牛》。萧连芳对《小放牛》进行复创，变成“四四”（即四个牧童、四个村姑），表演从前半出到对歌处由 8 个人演，类似古典集体舞对歌，欢快典雅。与她同时期的同学们学了《小放牛》之后，娃娃戏就成了看家节目，招待外宾时都由学生演出，各国外宾都相当喜欢这一节目。

1980 年，张春华先生与刘琪合作演出的《小放牛》受到观众热烈欢迎，成为舞台经典。几年后，在张春华先生的带领下，二人融合了京剧、舞蹈、武术等艺术形式，对这部小戏进行了创新升级。在委内瑞拉演出时，观众评价他们的《小放牛》是“一幅优美的田园诗画”。

：：《小放牛》刘琪饰演村姑

:: 《小放牛》刘琪饰演村姑

:: 《小放牛》刘琪饰演村姑

:: 《小放牛》刘琪饰演村姑

∷《小放牛》刘琪饰演村姑

::《小放牛》刘琪饰演村姑，谷春章饰演牧童

∷《小放牛》刘琪饰演村姑，谷春章饰演牧童

:: 《小放牛》刘琪饰演村姑，张春华饰演牧童

∷《小放牛》刘琪饰演村姑，张春华饰演牧童

∷《小放牛》演出后，刘琪、张春华与厉慧良（饰演高登）合影

::《小放牛》刘琪饰演村姑，吴建平饰演牧童（1992 年梅兰芳金奖大赛现场照片）

:: 《小放牛》刘琪饰演村姑，吴建平饰演牧童（1992年梅兰芳金奖大赛现场照片）

∷《小放牛》刘琪饰演村姑，吴建平饰演牧童（1992 年梅兰芳金奖大赛现场照片）

::《小放牛》刘琪饰演村姑，吴建平饰演牧童（1992年梅兰芳金奖大赛现场照片）

梨园百绝 □济南·程永年

刘琪的踢脚尖

1959年8月，中国京剧院四团来济南山东剧院演出，演员有：老生孙岳、冯志孝，旦角杨秋玲、夏美珍、艾美君，武生俞大陆、李景德，花脸吴钰璋、李嘉林，老旦王晶华，武旦郭锦华、刘琪，阵容强大，我几乎每场都看。

在《四杰村》中，李景德扮演余千、刘世翔扮演冯洪、李可扮演濮天鹏、刘琪饰演鲍金花，前往四杰村去救骆宏勋的一场中，四个演员都要有一套漂亮的武功表演。到刘琪表演时，她从舞台的右首，身子下蹲，一趟矮步踢脚尖一直到下场门，动作轻盈、矫健、灵巧，真是漂亮，博得了观众的热烈掌声。我看了几十年的武戏，或许是孤陋寡闻，武旦走矮步踢脚尖的尚未见过第二位，当时刘琪只有21岁。

奶奶的刘琪，参加梅兰芳金奖大赛旦角组决赛，在《小放牛》的演出中，刘琪扮演的村姑和牧童双走矮步踢脚尖。她那灵巧、轻盈的动作，可说是英姿不减当年，令人叹为观止，使我回想起32年前刘琪的表演。

刘琪几十年如一日的敬业精神和扎实的武功，当为今日青年演员们的榜样。

照：刘琪演《小放牛》 金梅／摄

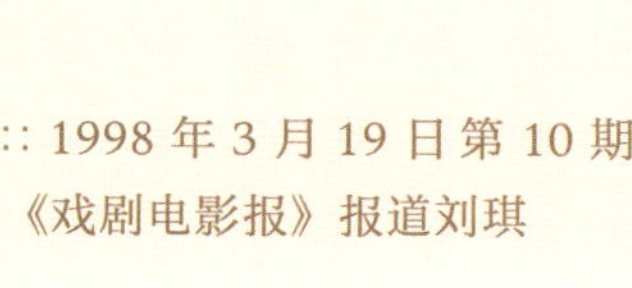

::1998年3月19日第10期《戏剧电影报》报道刘琪

第三节

有勇有谋

《打焦赞》

《打焦赞》取材于《小扫北》鼓词，讲述的故事是：孟良偕杨排风辞别佘太君，驱马至三关。焦赞轻视杨排风，已经领教过杨排风厉害的孟良唆使二人比武，排风棍打焦赞。于是，杨延昭点将，令杨排风出阵，孟良、焦赞随其左右，大败韩昌，救回杨宗保。

谈到学演《打焦赞》，刘琪说："《打焦赞》不只是将花旦、武旦、刀马集于一身，这之中是有人物、有性格的。杨排风的活泼符合她的年龄、她这一身的本事和她在杨门受到的培育。她是个烧火的丫头，是杨家看似最一般的小丫头，但这样一位小英雄是有抱负的。好几位先生的心血，最后全在我身上。"早在科班时期，刘琪就曾跟随耿素娟老师学演过这出戏。后来，她与任凤坡编排、搭戏，二人曾在日本前进座剧团、苏联电影代表团等外宾到访中国戏曲学校时演出此戏。

1982年12月，中国京剧院二团前往北京交通大学作专场演出，刘琪以娴熟的开打表现出杨排风的武艺超群，并且突出运用念白、表演等手法刻画出烧火丫头的聪明机智。场内气氛热烈，掌声洋溢。

:: 《打焦赞》刘琪饰演杨排风，任凤坡饰演焦赞

:: 《打焦赞》刘琪饰演杨排风，任凤坡饰演焦赞

:: 《打焦赞》刘琪饰演杨排风

:: 《打焦赞》刘琪饰演杨排风

∷《打焦赞》刘琪饰演杨排风

:: 《打焦赞》刘琪饰演杨排风

:: 刘琪演出《打焦赞》前化妆

:: 刘琪演出《打焦赞》前化妆

:: 刘琪演出《打焦赞》前化妆

第四节

奇幻绚丽

《虹桥赠珠》

《虹桥赠珠》根据《泗州城》改编，讲述的故事是：泗州水神水母娘娘与书生白泱相爱，以避水明珠赠之。玉帝因水母眷恋人间，派天将率兵捉拿，水母与天兵作战却因无明珠不敌，乃水淹泗州城，危机中白泱将珠送归，水母转败为胜。

1959 年，刘琪被分配至中国京剧院四团后，剧院领导根据她武功和文唱的基础，特地改编了江苏省京剧团（现江苏省京剧院）的同名剧《虹桥赠珠》，以此作为新中国成立 10 周年的献礼剧目在京首演。该剧也经常作为接待外宾和重要演出的保留节目不断上演。

《虹桥赠珠》是江苏省京剧院周云霞、周云亮的代表作品，一次到北京演出时颇受欢迎，时任中国京剧院副院长马少波当即决定让四团选出导演组、剧本创作组、排练组进行创作排演。马少波要求相关演员都去观摩江苏省京剧院的演出，先明白套路，再请老师一对一教学，随后文学创作组、导演组、音乐组在此基础上进行再创作。当时的剧本由吕瑞明改编，摒弃了"男欢女爱"这类现代表述方式，提高了唱词的格调。刘世翔、李景德、俞大陆、李明德等人参与编排，提高了武戏的观赏性；旦角集体舞则由梁幼莲、孙定微、郭锦华、单体明等人编排，从剧本、武打、舞蹈等方面对该剧进行全面提升，全剧文场典雅，武打精彩。

刘琪因刻苦用功、功底扎实，被选中出演凌波仙子。她的表演不仅"出手"漂亮准确、武打干净利落、扮相妩媚俏丽、嗓音婉转动听，就连水袖、翎子、眼神也有独到之处，透

出魅人的灵气。转瞬即逝的多种亮相变换，令人目不暇接。最难得的是，她每次演出都能奉献给观众一个完整、规范、内心充实而富有独特风格的艺术形象。毛泽东主席曾观看过她的《虹桥赠珠》，称赞道："你真会打仗。"陈毅元帅说："你看她眼睛不大，可台上那么有神，连天兵天将都被她吓跑了。"

:: 《虹桥赠珠》刘琪饰演凌波仙子

:: 《虹桥赠珠》刘琪饰演凌波仙子，李瑞祥饰演白泳

∷《虹桥赠珠》刘琪饰演凌波仙子

:: 《虹桥赠珠》刘琪饰演凌波仙子

:: 《虹桥赠珠》刘琪饰演凌波仙子

:: 《虹桥赠珠》刘琪饰演凌波仙子，俞大陆饰演二郎神

:: 《虹桥赠珠》刘琪饰演凌波仙子

刘琪凭借《虹桥赠珠》中的优异表现，荣幸地被剧院推荐参加中华全国青年联合会第四届委员会全体会议，并在人民大会堂发言，讲述她排演《虹桥赠珠》的过程。

∷《虹桥赠珠》刘琪饰演凌波仙子

第五节

少年英雄

《杨门女将》

1959 年末，中国京剧院着手筹备弘扬家国情怀与民族精神的剧目《杨门女将》。剧中，杨文广这一角色不仅要求演员具备扎实的“武”功，更需深刻理解角色英勇果敢的内心世界，把握情感细腻的性格特征。当时，杨文广初定小生应工，但随着排练的深入，导演组认为该人物需要“武”的部分更多，故想转为选用一名武旦演员。刘琪凭借在《挡马》中的精彩表现，令副院长马少波看到了她扎实的幼功功底和潜力，对她寄予厚望，决定安排她替为上场。于是，刘琪意外地接下了这个充满挑战的角色，并全身心投入角色的塑造中。

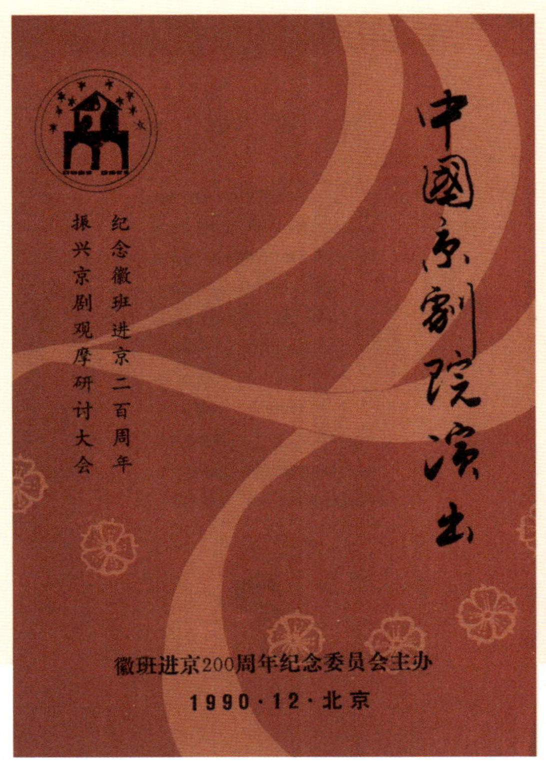

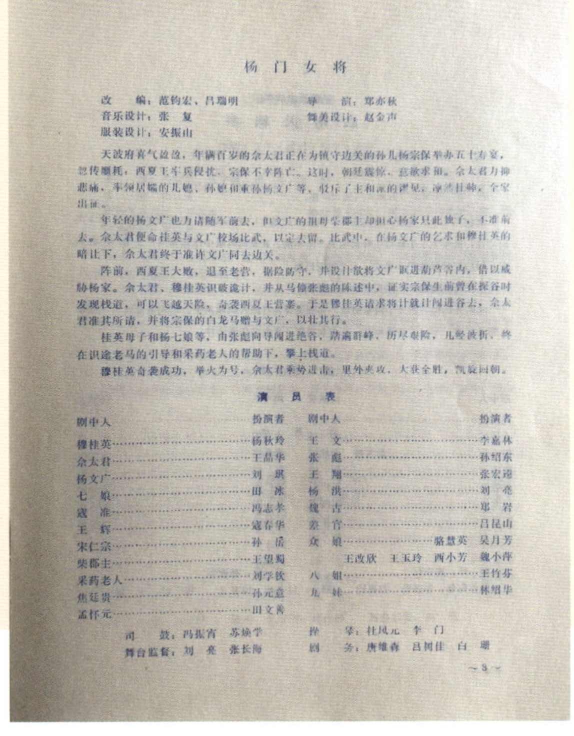

杨门女将

改　　编：范钧宏、吕瑞明　　导　　演：郑亦秋
音乐设计：张　复　　舞美设计：赵金声
服装设计：安振山

天波府喜气盈盈，年满百岁的佘太君正在为镇守边关的孙儿杨宗保举办五十寿宴，忽传噩耗，西夏王举兵侵扰，宗保不幸阵亡。这时，朝廷震惊，意欲求和。佘太君力抑悲痛，率领居孀的儿媳、孙媳和重孙杨文广等，驳斥了主和派的谬见，凛然挂帅，全家出征。

年轻的杨文广也力请随军前去，但文广的祖母柴郡主却担心杨家只此独子，不准前去。佘太君便命桂英与文广校场比武，以定去留。比武中，在杨文广的乞求和穆桂英的暗让下，佘太君终于准许文广同去边关。

阵前，西夏王大败，退至老营，据险防守，并设计欲将文广诓进葫芦谷内，借以威胁杨家。佘太君、穆桂英识破诡计，并从马僮张彪的陈述中，证实宗保生前曾在探谷时发现栈道，可以飞越天险，奇袭西夏王营寨。于是穆桂英请求将计就计闯进谷去，佘太君准其所请，并将宗保的白龙马赠与文广，以壮其行。

桂英母子和杨七娘等，由张彪向导闯进绝谷，踏遍群峰，历尽艰险，几经波折，终在识途老马的引导和采药老人的帮助下，攀上栈道。

穆桂英奇袭成功，举火为号，佘太君乘势进击，里外夹攻，大获全胜，凯旋回朝。

演　员　表

剧中人	扮演者	剧中人	扮演者
穆桂英	杨秋玲	王　文	李嘉林
佘太君	王晶华	张　彪	孙绍东
杨文广	刘　琪	王　翔	张宏逵
七　娘	田　冰	杨　洪	刘　亮
寇　准	冯志孝	魏　古	郑　岩
王　辉	寇春华	差　官	吕昆山
宋仁宗	孙　岳	众　娘	骆慧英　吴月芳　王改欣　王玉玲　西小芳　魏小萍
柴郡主	王望蜀	八　姐	王竹芬
采药老人	刘学钦	九　妹	林绍华
焦廷贵	孙元意		
孟怀元	田文禹		

司　　鼓：冯振宵　苏焕学　　操　　琴：杜凤元　李　门
舞台监督：刘　亮　张长海　　剧　　务：唐维森　吕树佳　白　珊

～3～

:: 纪念徽班进京 200 周年，《杨门女将》节目单

为了更好地诠释杨文广这一角色，刘琪深入研究了杨家将的故事背景和杨文广这个人物在其中的重要作用。她细致入微地探索角色的灵魂，力求在舞台上找到与角色相契合的平衡点。杨文广年龄虽小，却有着遂父遗志、攻破敌兵、保家卫国的英勇与决心。杨家满门忠烈，前赴后继的英勇都需在这个年幼的角色身上体现。

:: 《杨门女将》刘琪饰演杨文广

在郑亦秋导演的悉心指导下，刘琪逐渐掌握了角色的具体动作和表演细节，一招一式力求精准到位。她充分利用自身身材小巧、灵活多变且幼功扎实的优势，将坚韧与敏捷巧妙地融入杨文广的身上。舞台上，她身姿矫健，动作利落，每一次跳跃、每一次挥枪都展现出少年英雄杨文广替父报仇的英勇无畏。刘琪深知表演要将自身特质与角色相融合，不仅注重外在动作的精准与力度，更努力探索其内在情感的表达与传递。她尽情地释放自己的情感，让观众得以感受到杨文广内心的豪情壮志与家国情怀。多次演出后，观众们满堂的喝彩与热情的反馈让刘琪印象深刻。对于杨文广这个角色，她有着自己独特的感受和体会。

:: 《杨门女将》刘琪饰演杨文广

:: 《杨门女将》刘琪饰演杨文广

:: 《杨门女将》“寿堂”刘琪饰演杨文广

:: 《杨门女将》“比武”刘琪饰演杨文广

:: 《杨门女将》“比武”刘琪饰演杨文广

:: 《杨门女将》“探谷”刘琪饰演杨文广

2024年，国家京剧院创排青春版《杨门女将》，刘琪被邀请担任指导老师，是所有指导老师中岁数最大的一个。这一次，刘琪的学生、国家京剧院优秀青年演员葛萌饰演杨文广。刘琪表示，葛萌同样具备演好杨文广的基本条件，只是在舞台上的光芒还需进一步打磨。为了帮助青年演员更好地塑造角色，刘琪倾囊相授，亲自下场指导、示范，鼓励她更加勇敢地展现小武将的“英气”。她表示，杨文广这个角色不仅要外形英武，更要内心坚定，要有为守卫家园、替父报仇的豪情壮志。

排练时正值盛夏酷暑，雨水频繁，学生们劝刘琪老师休息，却被刘琪婉拒：“现在你们需要我，即使是外面下刀子，我也得过来。”刘琪非常明白舞台对于演员的价值和意义，因此她特别愿意为年轻演员们提供帮助和支持。

70多年的艺术生涯让刘琪积累了丰富的经验，她深知，艺术的传承需要一代又一代人的共同努力，故而竭尽所能地将宝贵的艺术经验传授给年轻一代，2024年8月15日，青春版《杨门女将》的成功演出让她看到了新一代的潜力和希望，她特别高兴能为京剧艺术的薪火相传贡献自己的一份力量。如今，每当回想起在《杨门女将》中的演出经历，刘琪都深感荣幸与自豪。她表示，是京剧艺术赋予了她一切，也是这份艺术让她与“女将们”结下不解之缘。

:: 2024年8月15日，青春版《杨门女将》首演后刘琪与学生葛萌合影

第六节

千姿百态传统戏

除了代表剧目外，刘琪在其他剧目中的表演同样是技艺精湛、唱腔精准，人物塑造惟妙惟肖。《白蛇传》中，刘琪饰演小青，与杜近芳、刘秀荣所饰的白素贞，叶少兰、于万增、张春孝所饰的许仙精诚合作，堪称舞台经典。她在《小上坟》《盗仙草》《八仙过海》《秋江》《武松打店》等剧目中所塑造的角色也家喻户晓，得到了观众的广泛好评。

:: 刘琪饰演人物合集

当代菊坛群英谱

刘琪

刘琪，著名京剧武旦演员，1938年5月6日生，山东省文登市人。1947年（9岁）即入东北“咏风社”开始了学艺的生活，1949年转入东北戏曲学校，1955年入中国戏曲学校，1959年毕业后分配到中国京剧院工作至今。在校期间，她师从邱富棠、马宗慧、赵桐珊，毕业后师从“四小名旦”之一的宋德珠先生，学习宋派戏，使她的技艺得到了显著地提高。刘琪幼功扎实，动做规范，开打灵巧，身材娇小，化出妆来分外讨俏，且嗓音甜美，载歌载舞，美感十足。

刘琪50年的艺术生活收获可观，1991年获“世界风筝都中国京剧演员邀请赛”最佳演员奖，1992年获“梅兰芳金奖大赛”金奖。中央电视台为她的代表剧目作了录像，北京电视台除录制剧目外，还为她制作了个人专题片。此外，她还多次参加国家艺术团出访，所到之处，她的表演艺术均受到高度好评及赞赏。（江月）

(1)刘琪与谷春章演出《小放牛》（1960年）
(2)《小放牛》刘琪饰村姑（1953年）
(3)1953年在朝鲜慰问志愿军
(4)1949年在东北戏曲学校
(5)刘琪生活照（1953年）
(6)1996年在台湾
(7)刘琪与寇春华演出《秋江》（1957年）
(8)《小上坟》刘琪饰肖素贞（1997年）
(9)《草原小姐妹》（1964年）
(10)刘琪饰赵云（1988年）
(11)《杨门女将》刘琪饰杨文广（1988年）
(12)《盗仙草》刘琪饰白素贞（1989年）
(13)《扈家庄》刘琪饰扈三娘（1993年）
(14)《虹桥赠珠》刘琪饰凌波仙子（1960年）

:: 2003年第2期《中国京剧》刊登刘琪饰演人物图谱

:: 《白蛇传》刘琪饰演小青

:: 《白蛇传》刘琪饰演小青

:: 《白蛇传》刘琪与杜近芳合影

:: 《白蛇传》刘琪与杜近芳、阎德威合影

:: 《白蛇传》“游湖”刘琪为杜近芳配演小青

:: 《白蛇传》“游湖”杜近芳饰演白素贞，刘琪饰演小青，于万增饰演许仙

:: 《白蛇传》“洞房”刘琪为杜近芳配演小青

:: 《白蛇传》“索夫”刘琪为杜近芳配演小青

:: 《白蛇传》“断桥”杜近芳饰演白素贞，刘琪饰演小青，于万增饰演许仙

:: 《白蛇传》“断桥”杜近芳饰演白素贞，刘琪饰演小青，叶少兰饰演许仙

:: 《白蛇传》“断桥”刘秀荣饰演白素贞，刘琪饰演小青，张春孝饰演许仙

:: 《白蛇传》“游湖”刘秀荣饰演白素贞，刘琪饰演小青，张春孝饰演许仙

小上坟

:: 《小上坟》刘琪饰演萧素贞，陈国森饰演刘禄景

:: 《小上坟》刘琪饰演萧素贞

::《小上坟》刘琪饰演萧素贞

:: 《盗仙草》刘琪饰演白素贞

::《盗仙草》刘琪饰演白素贞

:: 《盗仙草》刘琪饰演白素贞

:: 《盗仙草》刘琪饰演白素贞

::《八仙过海》刘琪饰演金鱼仙子

::《八仙过海》刘琪饰演金鱼仙子

:: 《八仙过海》刘琪饰演金鱼仙子

:: 《八仙过海》刘琪饰演金鱼仙子

:: 《八仙过海》刘琪饰演金鱼仙子

秋江

:: 《秋江》刘琪饰演陈妙常，寇春华饰演艄翁

:: 《秋江》刘琪饰演陈妙常

武松打店

:: 《武松打店》刘琪饰演孙二娘，李景德饰演武松

:: 《武松打店》刘琪饰演孙二娘，李景德饰演武松

:: 《武松打店》刘琪饰演孙二娘

中国商报（原名《中国商业报》） 1989年4月29日 星期六 第四版

美·媚·脆

——武旦刘琪舞台艺术素描

《中国商报》副刊部顾问 李滨声

“美、媚、脆”三个字是京剧武旦的标准要求，必须具备才算完美。“美”指的是扮相和形体动作秀丽多姿；“媚”指的是神态风韵清爽美妙；“脆”指的是武打动作，包括“出手”和翻腾干净利落。此外唱功也不容忽视，而擅武的多半歌喉一般，因而全才的武旦比较少见。话虽如此，近些年来武旦行档很有发展，人才济济，颇有成就的演员倒也不少。

今天单说中国京剧院的武旦刘琪，为什么单说刘琪呢？因为最近看了她几出戏，觉得有两点特别值得一提。一是展现武技脱离开武旦剧常给人“千人一面”的感觉，特别注意塑造角色。二是武功很是过硬，不论多疾迅的动作，多繁难惊险的出手都让观众看着从容而不担心，从她洒脱的气魄，给人一种“万无一失”的信念。

刘琪的扮相相当俊俏，一双笑眼妩媚，武打中则又有利剑般的光芒。她的身材大约在中等或许偏低，可是扮出戏来尤其通过形体动作，艺术造型却是那婷婷欣长。可以想见除本身体型窈窕，而更重要的是艺与术结合运用得好，根据所需一切动作都取大式，在“园”的前提下尽量扩张，因而达到造型上的理想。

许多观众都谈到刘琪的年龄问题，因为令人费解。从扮相和武功看去不过二三十岁，可是据说她与冯志孝、双岳是同班同学，年龄自然不止于此，出于礼貌不宜请问女士年龄，只好“悬案”，还是论戏为要。

刘琪在《盗仙草》与《八仙过海》中都打出手，都很火炽，但内容和气氛却不一样。在《盗》剧中体现出盗草心切力战仙童。在《八》剧中表现出胜券在握，打中带戏的成分，那原本是由八仙酒后无理取闹而引起的一场神仙内部风波。鲤鱼仙子始终满面春风。至于打“出手”，与投枪的下手配合十分默契，最大的特点是丝毫不露下手有意等时间送方便再投枪的痕迹，使武打过程没有为表演而表演的现象落在观众眼睛里。

刘琪在《扈家庄》中唱、舞和开打就更令人叫绝。《扈家庄》一剧无异是武旦的《挑滑车》。第一场的“起霸”，上马舞枪更见功夫。扎靠戴蝴蝶盔，盔头两耳垂着两排又长又重的流苏（穗子）身旁又挎着宝剑（也有穗子）为繁重的舞蹈、翻身、耍下场增添的许多难处。有位戏曲家说得好：这场起霸相当于大武生戏《铁龙山》的姜威《观星》了。

逆跑园场（顺时针跑）也是不常见的，但见身体向内大幅度倾斜着飞快疾走如同珠转玉盘一般，姿态甚是优美。起范、踹子又迅又猛，翻身涮腰又干净又利落，舞大枪耍下场更见飒爽异常，地方准、脚下清、抛枪接枪脆。表现出一丈青武气超群的女大夫气概。

:: 《中国商报》副刊部顾问李滨声撰写《美·媚·脆——武旦刘琪舞台艺术素描》

文匯報　　星期六

三十三年京劇生涯
劉琪從被迫到喜愛

來港半個月，她對香港的印象是……

劉琪穿起武旦戲裝，一派威武神氣。

伶影篇

如果你看過《虹橋贈珠》或《扈家莊》，必然對著名的武旦演員劉琪留有深刻印象，她功底扎實，善於出手戲，在舞台上的英姿颯爽功架，博得不少觀衆的喝采。

但當她脂粉不施，回復本來面貌後，馬上變得文質彬彬，秀麗爾雅。

「我從九歲起開始學戲，今年四十二歲，戲齡已長達三十三年了。」劉琪開始回憶往事：「那時因爲家窮，没錢唸書，父母把我和哥哥都送到戲班去學戲。戲子在當時的社會是被人瞧不起的低賤行業。因此，我在戲班裏吃盡苦頭，每天天未亮便被推醒練功，兩餐没有飽飯吃，演完戲還要幫班主幹活，例如掃劇場、理道具、管服裝等等，做完瑣碎事務後已屆深夜，但班主還硬要我們練夜功，每天只有幾小時的睡眠時間。幸好這種艱苦生活只持續了兩年多，解放後第二年（五〇年）我加入了詠諷社科班，我嘗過苦頭，便更懂得珍惜新生活；我自動地跟趙桐珊和宋德珠學戲，五九年畢業時成績還算不錯，後來曾在中國戲劇學院任教，四人幫倒台後進入京劇院二團直至現在。京劇藝術對我說來，是從被迫去學而變爲非常喜愛。」

不知不覺，劉琪從事京劇藝術已有半輩子了。

她今次到港演出的《虹橋贈珠》、《扈家莊》、《小放牛》和《打焦贊》均是她的首本戲。但劉琪表示最喜愛的是《虹橋贈珠》，因爲這齣戲曾在一九六〇年十月一日國家大慶那天演出助興，另外，這個戲是羣戲，五個人的出手必須要有很好的默契才能配合起來。

談到家庭，劉琪發出會心微笑：「我的愛人在北京電視台從事攝影工作，大兒子今年十二歲唸四年級，他喜歡拉胡琴，也喜歡京戲，明年還準備去考中國戲劇學院呢，小兒子今年也五歲了，剛入幼兒班識字。」

∷ 1980 年 11 月 15 日《文汇报》发表《三十三年京剧生涯刘琪从被迫到喜爱》

1985年11月28日 星期四 ·3·

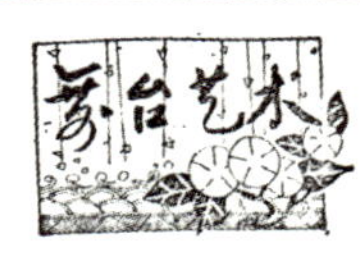

目尽舞台 神驰千里

——《扈三娘》等折子戏一瞥

邯郸大学 石俊杰

中国京剧院三团来古城献艺，首场、二场《大英杰烈》、《狄龙案》以其精湛的表演，赢得了广大观众的心。第三场是四个折子戏，演得又如何呢？目尽舞台，人们同样得到了神驰千里的艺术享受。

头一折《扈三娘》。只见刘琪扮演的扈三娘英武俊美，踩着紧锣密鼓快步登场，乘骏马，紧加鞭，合昆曲，舞翩跹，干净利索。又见飞身腾起落地卧鱼，……接着便是观众的一阵掌声。再看跟大刀王英交手，抛枪蹦跳，鹞子翻身，轻巧敏捷。战李逵，迎林冲，刀枪对打，叫人看了眼花缭乱。观众边鼓掌边赞誉：真是少见的刀马旦。

第二折是人们熟知的名剧《三岔口》。扮演刘利华的武丑刘习中是叶盛章先生亲授门生，他一露相，那眉际间的红痕，嘴角下的白迹，在适当时候，头一斜，眼一转，给观众以更多的想象余地。扮演三关上将任堂会的短打武生宋锋非常洒脱英武。戏中主要场面是剧中人出于误会而「摸黑对打」，尽管舞台上灯火明亮，但观众却真切地感到他们是在伸手不见掌的暗处拼刀对拳。演员在黑暗里摸索，眼看着在身前弄刀，忽一转身插在背后，手疾眼快，再拔刀拼打。好几回只差分毫险些将头皮削下，又忽而一个蹿到桌上，一个钻到桌下，象猫一样灵巧。台下不时伴以嘻嘻、嘘嘘、哟呀的惊愕声，真是妙不可言。

三折演《黄鹤楼》。京剧名流叶盛兰亲授高徒张春孝扮周瑜。演员的妙处是形似与神似的和谐统一。说形似是张春孝本身有一定的艺术魅力，扮周瑜更显英俊；说神似是演员赋予再造出的形象深刻而丰富的内涵，那高亢的唱白，激动的摇头抖肩，逼真的瞠目甩袖，展示出周瑜英武韬略和刚愎自用的矛盾心理。

压轴戏《赤桑镇》，由袁世海亲授弟子吴钰璋演包拯，曾在电影《杜鹃山》中演杜妈妈的老旦刘桂欣扮演吴妙贞。演员的超人处是吐字清楚且苍劲有力，唱腔顿挫抑扬且传情出神。这场戏在包拯秉公铡处包冕，吴氏误会，埋怨，包拯伸明大义的大段对唱中达到高潮，待包拯叫道：「好嫂娘」一句拖腔后，以深沉质朴的嗓音，唱出感人肺腑的「……深施礼谢嫂娘恩高义广，待小弟放粮回，孝敬嫂娘」时，竟将观众的思绪引向高度共鸣，情不自禁地张开热情的双臂，报以暴风雨般的掌声。

:: 邯郸大学石俊杰撰写《目尽舞台 神驰千里——〈扈三娘〉等折子戏一瞥》

再说刘琪

李滨声 文并图

中国京剧院演出的《三打祝家庄》中扈三娘的扮演者刘琪，今年“多么大几了？”也就是多大岁数了？是观众一直好奇好问的问题，这是由于她的武功惊人和扮相俊美，无论如何也无法使观众相信她不是20岁上下的人。

刘琪扮演的扈三娘在紧锣密鼓中一出台就光芒四射。她眼有光、脚有根、手有准，跑起圆场来身轻似燕，有如珠转玉盘。她舞起枪来像粘在手上一样快而从容，开打过程当中形体无时不美。她特别是腰功好，当耍大枪下场时在小边那稍一停顿忽疾后仰下腰，同时两手在上方扳了个枪花，仿佛直升飞机的桨在飞转一般，令观众惊奇。据悉刘琪练功精神为今日少见，正是功夫不负有心人。

至于刘琪年龄问题，梨园客也不知晓，记得过去曾在一篇文章中顺便提到过，她与冯志孝、孙岳是同班同学，可作参考，不难推算个八九不离十。

谜底：1. 真不是东西

2. 处理领带

:: 李滨声撰写《再说刘琪》

看刘琪演「扈家庄」

李润声

刘琪的《扈家庄》已经看过多次了。直到现在，只要她演这出戏，还想去看。在过去的几场演出中，也常看到一些面孔很熟的观众，他们也在追着看刘琪的戏。刘琪的扮像端装秀丽，身材娇小玲珑，她所扮演的扈三娘，动如行云流水风摆杨柳，静如翠竹挺立。在表演上她能用自己独特的舞蹈语汇打动人心。可以说有写意之法，又有工笔之细。

无论是技巧性强的出手，还是繁重复杂的高难动作，刘琪都相当轻松自如。在那几场漂亮的走动中，通过疾步如飞，形似苍鹰展翅滑翔的圆场，快似闪电的翻身，纯熟稳健的出手，背枪飞身而起、轻身而落的跳坐，刚健的甩腰仰身面花儿、多姿变换的掏翎子亮相，骤雨击石般的快枪，紧凑火爆的挡子，娴熟精湛的下场花儿，传神地表现了扈三娘这个人物。

刘琪在台上轻松的神采，大将风度、功力之随心，动作之流畅，是难能可贵的。她给予观众的是一种艺术享受。她的武打戏凭的是深厚的功力，不凭力气，技巧用得恰到好处，人物表现也不造作，达到了「炉火纯青」之程度。

影剧谈

:: 李润声撰写《看刘琪演〈扈家庄〉》

北京日報

BEIJING RIBAO

1989年4月29日 星期六

己巳年　三月廿四　四月初一立夏

北京地区天气预报
白天　多云转晴
风向　北转南
风力　二三级
最高气温　23℃
夜间　晴转多云
风向　南转北
风力　二三级
最低气温　11℃
明天　多云转晴

代号1—13

武旦刘琪

李滨声文并图

演员介绍

戏班有这样的话："一天不练功，自己知道（上台不能自如）。两天不练功，内行知道（看出水平未得发挥）。三天不练功，外行知道（观众也会看出演得差劲）。"反而言之，台上演出顺当并取得好成绩，肯定台下不知下了多少私功。最近看了中国京剧院刘琪两场演出更增强了这样的概念。

刘琪在《八仙过海》中有三处不寻常的表演。与俞大陆（饰吕洞宾）的对剑极见功夫。彼此的剑都有长穗，开打是有一定困难的。假如稍有闪失剑穗缠绕一起，或挂着旦角的头饰、"吕洞宾"的髯口，就很难撕掳摘解，戏将无法继续下去。而刘琪、俞大陆艺高胆大，演来游刃有余。剑穗随剑身（总成一条直线）快慢急徐如流星赶月一般。

后边的大开打，"出手"中有高难动作与出新，如"过包踢枪"和"舞绸踢枪"。"过包"的"范儿"与芭蕾中的托举相同，全靠配合默契，而过顶的刹那两腿同时踢回左右掷过来的枪，难度之大更是不言而喻。当然"出手"精彩是集体的智慧和力量；掷枪给劲大小、软硬，踢枪等劲、借劲的时间、力度掌握如何，很是关键。

《盗仙草》中，刘琪也有所探索。白蛇来到仙山，便俯身去辨识路旁的一棵无名草是否灵芝的身段和表情，清晰地点染出求取仙草的急迫心情。见鹤童，恳求仙草不得，反遭一再逼迫转去的时候才摘剑在手，然而仍不肯进去，只是用来抵挡招架。最后宝剑被鹤童击起凌空，形成"剑出鞘"，白蛇接取由空而降的剑，仙童接住鞘，至此才拉开战幕。这两处戏的设计和表演都是相当成功的。

刘琪之《盗仙草》

:: 1989年4月29日《北京日报》发表李滨声撰写《武旦刘琪》文章

著名京剧武旦

刘琪

刘琪是我国京剧界著名武旦演员，在国内外享有很高声誉。刘琪八岁入科班学戏，先在东北戏剧学院学习，1955年转到中国戏曲学院深造四年。在校期间著名京剧表演艺术家丘富堂、赵桐珊的亲授下，刘琪得到唱、做、念、打全面训练。刘琪主攻武旦，顽强刻苦，练出一身硬功来，特别是"出手"技巧是有高度的准确性、漂亮、干净，别开生面。她在《虹桥赠珠》中演的凌波仙子一人踢十杆枪，舞台构成浓密的枪网，她左踢右接，前踢后接，时而"掏鞭踢枪"，时而，"虎跳踢枪"，使观众眼花缭乱、目不暇接。

刘琪毕业后分配到中国京剧院，曾参加中国艺术团随京剧表演艺术家李少春、袁世海、杜近芳到瑞士、哥伦比亚、委内瑞拉、古巴、加拿大等国访问，演出了《虹桥赠珠》、《小放牛》等。1961年跟周恩来总理率领的政府代表团到缅甸访问演出。

西雯

:: 西雯撰写《著名京剧武旦 刘琪》

话说刘琪

文艺随感录

李滨声

"美、媚、脆"三个字是京剧武旦的标准要求，必须具备才算完美。"美"指的是扮相和形体动作秀丽多姿；"媚"指的是神态风韵清爽美妙；"脆"指的是武打动作，包括"出手"和翻腾干净利落。

最近看了中国京剧院的武旦刘琪的几出戏，觉得有两点特别值得一提。一是没有武旦常给人"千人一面"的感觉，特别注意塑造角色。二是武功很过硬。

刘琪的身材大约在中等或许偏低，可是扮出戏来尤其通过形体动作，艺术造型却是那么亭亭颀长。可以想见除本身体型苗条，更重要的是艺与术结合运用好，根据所需一切动作都取大式，在"圆"的前提下尽量扩张，因而达到造型上的理想。

刘琪在《盗仙草》与《八仙过海》中都打出手，都很火炽，但内容和气氛却不一样。在《盗》剧中体现出盗草心切而力战仙童。在《八》剧中表现出胜券在握，打中带戏的成分。鲤鱼仙子始终满面春风。至于打"出手"，与投枪的下手配合十分默契，最大的特点是丝毫不露下手有意等时间送方便然后投枪的痕迹。

刘琪在《扈家庄》中唱、舞和开打就更令人叫绝。《扈家庄》无异是武旦的《挑滑车》。第一场的"起霸"，上马舞枪更见功夫。扎靠戴蝴蝶盔，盔头两耳垂着两排又长又重的流苏（穗子），身旁又挎着宝剑（也有穗子），为繁重的舞蹈、翻身、耍下场增添了许多难处。这场起霸相当于大武生戏《铁龙山》的姜维《观星》了。

:: 李滨声撰写《话说刘琪》

◯ 刘 友 路

武旦刘琪

在1992年12月7日中央电视台直播的梅兰芳金奖大赛上，中国京剧院参赛者、武旦演员刘琪，以其纯熟的武功，轻如飞燕的弹跳，优美的表演技巧和聪慧活泼的返童动作，把《扈家庄》和《小放牛》两段戏演得惟妙惟肖，博得观众热烈的掌声。笔者1964年曾在北京看过《扈家庄》的公演，28年后的今天再看，虽知道她青春年华早逝，但在舞台上仍不失其飒爽英姿，不能不使人叹服。

刘琪是文登市高村镇人，幼年随父母去丹东市定居，9岁丧母后，与其兄一起被父亲送进私人戏班学艺。旧社会"不打不成才"的教学育人信条使其兄妹蒙受了不少苦头。一年以后东北解放，被人民政府接管而获得了新生。全国解放后从东北戏校辗转进入了北京中国戏曲学校学习。在学习期间已初露锋芒，50年代初，小小的年纪已先后被选参加了两届赴朝慰问团慰问志愿军的演出，后又参加了大型艺术团跟随周总理到缅甸访问演出。1959年戏校毕业，分配到中国京剧院，第一次就主演了作为中国京剧院向国庆十周年献礼的节目《虹桥赠珠》，得到了极高的评价。《人民画报》曾以中页两版的篇幅刊登了该剧的大幅彩照。以后又连续主演和参加演出了《扈家庄》、《秋江》、《打焦赞》、《三岔口》、《白蛇传》、《小放牛》、《杨门女将》和现代戏《战洪峰》、《草原英雄小姐妹》《智取威虎山》等剧目，还多次参加接待外宾的专场演出。得到了毛主席和周恩来总理等国家领导人的关怀。特别使其难忘的是，为几内亚原总统塞古·杜尔专场演出《虹桥赠珠》时，在一个对打动作中，因对方失手把她应该用腿从后勾返对方的花枪扔得太远，以致临场向后退了一步仍未勾到，花枪掉落在地上——演出失误。在这样的场合尽管仍在继续演出，但却出了一身冷汗。没想到这个失误却被周总理看得明白，当演出结束，总理陪同客人上台接见演员时，握着刘琪的手，弯下腰悄声说："小刘琪呵，这次不怨你。"多么亲切的语言呵，使她这才一块石头落了地。

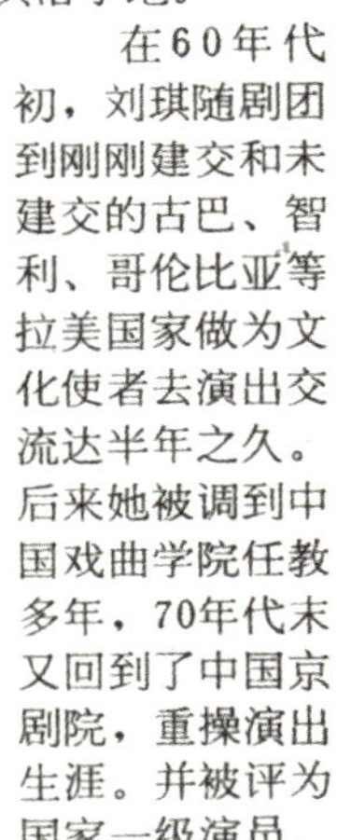

在60年代初，刘琪随剧团到刚刚建交和未建交的古巴、智利、哥伦比亚等拉美国家做为文化使者去演出交流达半年之久。后来她被调到中国戏曲学院任教多年，70年代末又回到了中国京剧院，重操演出生涯。并被评为国家一级演员。80年代后期，又随团到香港进行了演出活动。

谁都知道武旦的主要年华应该是在年富力强的二三十岁，而刘琪之所以到行将离休之年还能在舞台上轻如飞燕演出这样的重头戏，是她不间断地练出来的。这次演出，无疑是给她检阅自己实力的又一次机会。"有志者事竟成"。在这样的情况下，博得广大观众的热情赞扬，并获得金奖是她刻苦努力的结果。 **（图为刘琪1964年的剧照）**

:: 刘友路撰写《武旦刘琪》

梅花香自苦寒来

——记著名京剧武旦演员刘琪

宋静海

说起刘琪，内行们都称赞她武功扎实，扮相俊美，为人谦逊好学。在一次晚会上，刘琪在京剧舞蹈《龙女闹海》中扮演龙女。只见舞台上的她翩翩若仙女，那一举手、一投足、一招一式，有章有法，更见功底，台下的观众看得眼花缭乱，掌声四起，人们交口称赞："这功夫，真是到家了！"

在刘琪老师的住处，我惊呆了。怎么也没想到这位蜚声京剧舞台的著名演员居住在一间十六平方米的筒子楼，中间用书柜一隔两半。一半是卧室，一半是客厅。我们攀谈起来。

刘老师感慨地回忆起往事：

我从9岁开始学戏。那时家里穷，没钱念书，父母把我和哥哥送到戏班去学戏。唱戏在当时的社会是被人看不起的低贱行业。因此，在戏班里，我吃尽了苦头。每天天不亮就被推起练功，两餐没有饱饭吃，有时还要受班主打骂。演完戏，要帮班主整理场子，收拾行套。一天累得人困马乏，刚想歇一会儿，班主又逼我们练夜功。有一回过年，看到家里吃窝头，我高兴得赶紧抢了一个吃，母亲看到我那肿得象小馒头的手时，心疼地流下了眼泪，说："孩儿，不是妈心狠呀，而是给你们找一条活路呀！"说到这儿，刘老师眼圈有些发红，似乎不愿再提及那不愉快的往事。"解放后，党把我送到戏校深造。我先后拜京剧表演艺术家、教育家马宗慧、赵桐珊、邱海棠、宋德珠等为师。在老师们的扶植下，在唱、念、做、打'四功'、'五法'方面，得到全面训练，并以优异的成绩毕业。"

刘琪老师是个练功非常刻苦的人。她常说："咱往台上一站，要对得起观众。"怎么对得起，那就要靠自己的真本事。她一天三遍功，每天天不亮，抱着一捆刀枪把子，和那件补了又补，缝了又缝的硬靠，上了练功房，当人们刚刚上班时，她已是大汗淋漓、气喘嘘嘘了。等上班后，她同别人一起正式练功，待到别人睡午觉时，她又偷偷跑到练功房。一练就是数十年，从不间断，难怪看过刘琪演出的人都称赞说："她饰演的角色形美、情浓。"

是的，功夫不负有心人，刘琪老师的表演艺术日臻完善，她先后随团出访过瑞士、哥伦比亚、委内瑞拉、古巴、加拿大、日本和香港。当年她还随周总理到过缅甸访问演出。如今，她是中国京剧院一级演员，依然在艺苑上辛勤耕耘着。她饰演的扈三娘、陈秀英、杨排风武艺超群、勇敢泼辣而又不雷同；她饰演的白娘子、鲤鱼仙子、牧童女，多情柔媚，各具特色。总之，刘琪老师是在用心演、用情演，她用自己的表演艺术，为古老的民族艺术增光添色。

临别时，她说："我今年已经50多岁了，可我还要练，还要为咱中国这株古老的民族艺术之花，献上我的一份光和热！"多么朴实的话语，她表达了一个老艺术工作者对理想、事业的追求以及那种不用扬鞭自奋蹄的拼搏精神。（照片摄影李斌）

:: 宋静海撰写《梅花香自苦寒来——记著名京剧武旦演员刘琪》

京剧名旦刘琪的海南梦

王 哲

椰子节，成了海南一年一度的盛会。中外宾客、文艺界名流纷纷汇聚椰城，搅出一团团灼人的热烈气息。

中国八大名旦之一、中国京剧院著名刀马旦表演艺术家刘琪，也带着她的学生张玲踏上琼岛，在海南狮子楼京剧团为椰子节的专场演出中一展风采。

已经五十七岁的刘琪，九岁进入梨园，至今已从事京剧艺术四十八年。她说：我非常喜欢这个行当，因为它太苦了。

一句极其平淡的话，却道出了刘琪为之付出了一生的艺术事业的酸甜苦辣。她有一副极具艺术魅力的面容，身高却偏矮。如何以长补短？学艺中，刘琪广采百家之精华，师承名师又不拘泥其间，发扬自身长处，抑制自身短处。她不仅扎扎实实练就刀马旦必备的把子功、鞭子功、腿功等基础功法，还在套路中出新、出情，给人物以灵魂。她的勤勉终于使她成为中国京剧院的「台柱」。多年来，她出访了加拿大、日本、瑞士、古巴等十几个国家和地区，随周恩来总理率领的政府代表团到过缅甸等地，各国外国使节、宾客来访，她拿手的《虹桥赠珠》、《扈三娘》、《盗仙草》、《打焦赞》等也一定是常演曲目。

一九九二年，首届梅兰芳京剧奖大赛，要求参赛者必须具备经常演出的曲目达十五出以上的资格，刘琪无愧地参加了大赛，并一举获得中国八大名旦排位第四的荣誉。

然而，刘琪并不满足，她每天坚持练功、拉戏，她相信京剧这一祖国传统艺术的瑰宝一定会振兴；她愿尽力为弘扬国粹做一点事情。于是，她受聘于中国戏曲学院，收徒弟、带学生，而她每天去学院上课，要倒三次车，还要乘地铁，路上就需二个半小时。目前，她已收了七个十岁的小女孩，还有台湾、海南等地的学生。

四月，她欣然接受狮子楼京剧团总监雷献强先生的邀请，首次踏上琼岛，为椰城人民献艺。她穿戴上全部行头，舞刀弄棒。腾跳翻越，英武之气十足；她舒展高扬，行走如飞、秀腴万端。椰城观众掌声如潮，喝彩声如雷，他们为刘琪精湛绝伦的技艺倾倒。

掌声，对刘琪并不陌生；喝彩声，她也习以为常。但市场经济活跃发达的海南大特区，却有一支这样天天唱戏的京剧团，却有这样如痴如醉的观众，倒真正让刘琪怦然心

:: 王哲撰写《京剧名旦刘琪的海南梦》

诗曰：
一身绝艺冠群伦，
盗草蹬珠四海闻。
夜寐夙兴劳者寿，
神州永葆艳阳春。

马少波 一九八九年三月二十四日

:: 著名剧作家、戏剧理论家马少波为刘琪题诗

台上一秒钟 台下十年功

——记名武旦刘琪

《梅兰芳金奖大赛》旦角组决赛早已降下帷幕，但著名武旦刘琪的《扈家庄》、《小放牛》两折戏仍萦绕在广大观众心中，不能忘怀。

《扈》剧为宋（德珠）派代表剧目，刘琪1962年得其真传。在三十年的实践中，除全面继承、展现宋派唱、念、做、舞、打；媚、脆、帅、快、冲的灵魂外，结合自己对剧中人物的理解体会与自身条件，逐步化用了表演程式，形成了独具的风格。她的身段动作幅度大，犹如鲲鹏展翅、入水蛟龙。仅单、双手掏翎，翎子的衔、抖、摆、涮、绕就把一个叱咤风云的巾帼英雄表现得淋漓尽致。在“起霸”、“开打”中使用的左右鹞子翻身、疾步圆场、下腰涮枪、枪花下场急而不爆、火而不燥、干净利落、交待清楚，好似慢放镜头加快了旋律，出现屏幕中蒙太奇手段之功效。

《小放牛》是历代名家常演剧目，由于《小》剧看似简单、实为繁难，演员必具深厚功力、艺术修养才行，因此近年来几乎绝迹于舞台。刘琪知难而进，从村姑的扮相、唱腔、舞姿等方面都作了较大改动，使剧中人更加娇小、活泼、可爱。全剧紧凑、明快、欢畅、祥和，此剧已超越前人，堪称精品，这是54岁刘琪的童心未泯，与她美好艺术创作思想撞击所产生的结果。

大赛之后，笔者见到刘琪，问及感受，她却显得十分平静。

她表示：因从艺四十五年来风风雨雨，已成自然，之所以每天坚持练功不辍，别无杂念，就是太爱干这一行了，虽少有演出，但总怕万一用上，台上不像样，对不起观众，对不起自己的毕生心血。

·赵霁光·

:: 赵霁光撰写《台上一秒钟 台下十年功——记名武旦刘琪》

第七节

呼应时代现代戏

现代戏中，也不乏刘琪俏丽的身姿。不论是《智取威虎山》中的小常宝、《红色娘子军》中的小娥，还是《战洪峰》中的妇女队长，刘琪都能够以其扎实的传统戏功底和丰富的舞台经验圆满完成各类角色的塑造。

:: 刘琪与《红色娘子军》的演员们合影，左起：刘琪、梁幼莲、单体明、骆惠英

::《红色娘子军》刘琪饰演小娥，左起：刘琪、田文善、王晶华、冯志孝、曲素英

:: 《战洪峰》刘琪饰演妇女队长，李和曾饰演书记，张云溪饰演老水文，单体明饰演小水文，张春华饰演村长

:: 《战洪峰》剧照，左起：叶庆先、李景德、刘琪、罗喜钧、江新蓉

:: 《战洪峰》刘琪饰演妇女队长

:: 《战洪峰》张云溪、叶庆先、刘琪剧照

:: 《草原英雄小姐妹》剧照，左起：江新蓉（饰演妈妈）、单体明（饰演姐姐龙梅）、李世章（饰演爸爸）、刘琪（饰演妹妹玉荣）

:: 《草原英雄小姐妹》剧照

【第三章】文化交流

第一节

赴朝慰问

1950年10月，中国人民志愿军赴朝作战。为转达祖国人民对中国人民志愿军的关怀和敬意，中国人民抗美援朝总会在抗美援朝战争中和朝鲜停战后，曾3次组织中国人民赴朝慰问团，前往朝鲜慰问中国人民志愿军和朝鲜军民。慰问团由全国各民族、各民主党派、各人民团体和革命烈士家属、军人家属的代表，各条战线著名的劳动模范和中国人民解放军的战斗英雄及各界知名人士、文艺工作者组成。1953年，时年15岁的刘琪随团赴朝历时近8个月，主要演出《雁荡山》，她与东北戏校的耿庆武老师和其他6位同学一起表演小戏《小放牛》《打焦赞》，为《雁荡山》垫戏。大家在西海岸指挥部各地慰问演出的时候，指挥部司令梁兴初和志愿军指战员们都特别喜欢慰问团里的小刘琪和与她合演《小放牛》的小牧童郭长发（时年13岁）。演出结束后，西海岸政治部为刘琪颁发了个人荣誉奖。时至今日，奖状仍然完好无缺地保存在刘琪家里——这是她永生难忘的记忆，也是对她的莫大鼓励。

:: 1953年中国人民赴朝慰问团部分人员合影，刘琪于前排中间

:: 战斗英雄梁房有抱着小刘琪

:: 15 岁的刘琪与战斗英雄郑起

:: 刘琪在朝鲜演出《春香闹学》

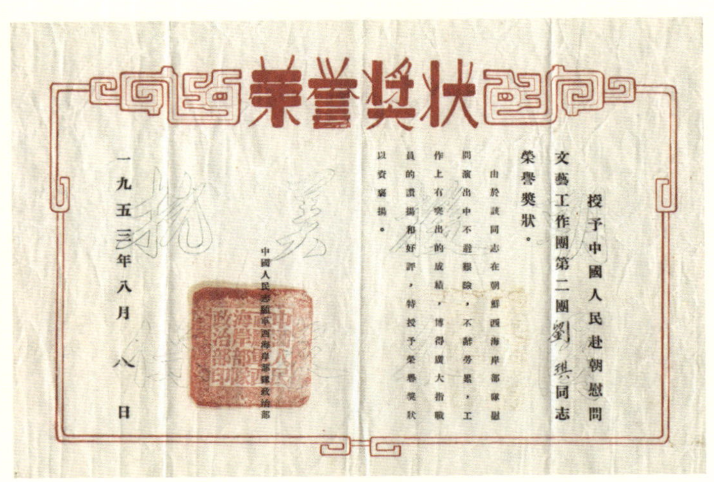
榮譽獎狀

授予中國人民赴朝慰問文藝工作團第二團劉琪同志榮譽獎狀。

由於該同志在朝鮮西海岸部隊慰問演出中不避艱險，不辭勞累，工作上有突出的成績，博得廣大指戰員的讚揚和好評，特授予榮譽獎狀以資褒揚。

中國人民志願軍西海岸部隊政治部

一九五三年八月八日

:: 中国人民赴朝慰问文艺工作团第二团刘琪同志荣誉奖状

:: 刘琪、郭长发与西海岸指挥部司令梁兴初合影

第二节

接待外宾

刘琪还经常参加招待外宾的重要晚会及演出。神话剧目《虹桥赠珠》反映自由恋爱的主题，讲述了凌波仙子冲破天兵天将的束缚争取婚姻自主的故事。全剧主题鲜明，形式漂亮，既有剧情又有舞蹈，舞台呈现效果极好，是重大外事活动招待外宾的保留剧目，也是各大综合节目的大轴，受到各国来宾的欢迎。《虹桥赠珠》是刘琪的拿手好戏，但她在每次排练和演出中却从未掉以轻心。“我虽参加了若干重要的外交招待演出，但当时一点骄傲的情绪都没有，老像是背着包袱似的。今天演好了不等于明天也能演得好，所以我总是在练习。我的合作者也很辛苦，只要有工夫我们就得练，时刻在为演出任务的到来而准备。”

:: 刘琪与外国友人握手交流

:: 刘琪参加人民大会堂招待外宾演出

:: 1961 年 4 月，第 26 届世界乒乓球锦标赛在北京举行，刘琪参与开幕式，演出《虹桥赠珠》

:: 外宾与刘琪合影

:: 招待外国友人演出《杨门女将》

:: 外宾在观看演出后与刘琪合影

欢迎日本国外务大臣
园田直阁下访华

京　　剧
卖　水
虹　桥　赠　珠

中国京剧团演出
一九七八年　北京

:: 1978 年，为欢迎日本国外务大臣访华，刘琪演出《虹桥赠珠》

第三节

出国巡演

1960年，中国艺术团赴拉丁美洲巡演8个月，时任对外文化联络委员会秘书长陈忠经担任团长，京剧名家李少春、袁世海、杜近芳，舞蹈家徐杰、资华筠，歌唱家郭淑珍等人担纲主演，全团98人，堪称“百人艺术团”。巡演首站是苏联，之后是法国、瑞士等国家，再出发到委内瑞拉、哥伦比亚、古巴等南美洲国家，最后抵达加拿大。

李少春主演《大闹天宫》《三岔口》，杜近芳主演《拾玉镯》《秋江》，刘琪演出《虹桥赠珠》，中央歌舞团表演孔雀舞、荷花舞、红绸舞等。此次巡演，刘琪向前辈们虚心请教，得到了极大的锻炼和提升。那时的她心无旁骛，每日最要紧的就是集中精力练好出手，保证台上不掉枪，圆满完成任务。孙盛武出演《秋江》，并在《拾玉镯》中以彩旦应工，对刘琪特别器重。一次杜近芳发烧，当天晚上的《拾玉镯》由刘琪替演，李金鸿饰演傅朋，孙盛武饰演刘妈妈，刘琪饰孙玉姣，也因此得到了杜近芳老师更加全面深入的指导与教授。

:: 《大闹天宫》李少春饰演孙悟空

此次演出受到了各国人民热烈欢迎。《古巴革命报》以整版报道了演出盛况并评论称：“京剧的演出超越了语言的障碍，《三岔口》中机智嬉戏和灵巧非凡的动作获得了显著的喜剧效果。”

:: 刘琪在加拿大

:: 刘琪（左一）与王继珠（中）、杜近芳（右一）合影

:: 拉丁美洲巡演之行，刘琪与众人合影

∷ 拉丁美洲巡演之行，刘琪与娄振奎、夏美珍等人合影

:: 拉丁美洲巡演之行，陈双义（左一）、夏美珍（左二）、刘琪（右二）、韩培阴（右一）等人合影

:: 拉丁美洲巡演之行，刘琪与钮凤华合影

:: 拉丁美洲巡演之行，刘琪与夏美珍合影

:: 于哥伦比亚山上众人合影，前排左起：刘琪、王鸣仲、夏美珍。后排左起：钮凤华、韩培阴、吴长海

:: 拉丁美洲巡演之行，刘琪（左二）与中国驻瑞士大使馆工作人员合影

:: 拉丁美洲巡演之行

:: 刘琪与中国驻瑞士大使馆工作人员合影

:: 拉丁美洲巡演之行，刘琪（左）、夏美珍（右）与杜近芳（中）合影

:: 拉丁美洲巡演之行，夏美珍（左一）、陈双义（左二）、刘琪（右二）、韩培阴（右一）合影

:: 拉丁美洲巡演之行众人合影

:: 刘琪与陈忠经团长（右一）在巡演期间留影

:: 南美洲巡演留影，前排左起：刘琪、钮凤华、袁世海、李金鸿

:: 1960 年南美洲巡演回京，刘琪（左一）、李少春（左二）留影

1960年12月，中国文化艺术代表团随周恩来总理到缅甸作友好访问，刘琪作为艺术团成员参加演出。这次演出让刘琪结识了很多电影界、音乐界、武术界的艺术家，前辈们也给予刘琪诸多指教和关怀。刘琪在此次访缅演出中不仅收获了鲜花和掌声，还开阔了眼界、积攒了许多舞台表演经验。

:: 中国文化艺术代表团访缅之行

【第四章】

传道授业

第一节

薪火相传

倾囊相授 不设师门

除排练演出外，刘琪从不吝惜自身技艺，将丰富的表演经验广泛传授给全国各地的学生，如浙江京昆艺术中心京剧团的安丽娜、国家京剧院一团的潘月娇、戴忠宇，国家京剧院二团的宋云飞、吴桐、张琦、张慧鑫，国家京剧院青年团的徐滢、白玮琛、葛萌，天津京剧院天津市青年京剧团的闫虹羽、阎巍，北京京剧院的孟蕊、王萌、张雅雯，北京戏曲职业艺术学院的张玲，北方昆曲剧院的柴亚玲，湖北省京剧院的龚怡然等诸多地方院团的武旦演员。学生们常常说："刘老师，您的学生每个城市都有，桃李满天下。"

1973 年，刘琪调回母校中国戏曲学校（1978 年更名为中国戏曲学院），从事教学工作。戏曲学院学生们的上课时间一般是早 7 点，家住北四环的刘琪却从未迟到。她十分重视言传身教，坚持每天到校先练一遍功再去上课。刘琪认为，严师方能出高徒。跑圆场时，她要求学生们两手各端一只碗，碗中盛满水，跑起来时水不能洒在地上。就这样，她培养出来的学生们大都功夫扎实，基础牢靠。

刘琪说："我之所以那么仔细认真地教授学生，是因为我从小学戏便是一招一式、一板一眼，老师对我更是尽心尽力。我深知上一辈传授给我的东西得来不易，因此就更想把这些东西一直传承下去，这才会对所有跟我学戏的孩子们尽心尽力，让她们的成长道路少些艰难阻滞，助她们早日成才，把京剧事业发展壮大，这也是不辜负党和国家对我的培养！"

:: 担任中国戏曲学院研究生导师

1994 年，在《戏曲电影报》总编赵晓东老师的介绍下，张玲有幸拜刘琪为师，二人结下师徒之缘。从此，张玲的京剧之路便有了最重要的引路人。《扈家庄》《武松打店》《打焦赞》《八仙过海》《小放牛》《虹桥赠珠》《盗仙草》《小上坟》等剧目都是刘琪一招一式示范、手把手传授的，这些都令她受益终身。

1994 年，张玲跟随师父学习《扈家庄》，昔日情景至今仍在眼前。那年张玲正在中国戏曲学院读大学，为了不耽误张玲上其他课，刘琪每天很早就起床，从小营坐公交车到学校。为了让张玲能够更好地理解感悟《扈家庄》中扈三娘的人物精髓，刘琪每一次课前都拉一遍戏给她看，之后再手把手教授。每次示范，刘琪都像登台表演一样认真严谨，一遍一遍、不厌其烦。张玲怕师父太累，便说："师父您就说说，我自己来。"刘琪却说："那你怎么能知道准确的身段动作是什么样子、知道自己哪里不对呀？"每次下课，看见师父额头上的汗珠，张玲都不忍让她再坐公交回家，要给师父打车，刘琪却说："你学戏不容易，不要乱花钱。"大学毕业后，张玲以优异的成绩考入中国京剧院（现名国家京剧院）工作，宿舍离刘琪家不远。每天上午，刘琪与张玲一起坐班车到京剧院，看她练功、教授她新剧目，日复一日、年复一年。

:: 刘琪教授张玲《小放牛》

由于戏曲演出市场的萧条，剧团很少演出。有一段时间，张玲的思想也开始懈怠起来。记得某年 8 月的一个下午，她正躺在家里看电视，听见有人敲门。打开门一看，只见师父站在门外，满头大汗、气喘吁吁。她赶紧把老人家请进屋，说："师父，什么事呀？这么热还爬 6 楼，您打电话，我过去找您呀！"刘琪擦了擦汗、歇了歇气儿，说："玲儿，我不想打电话，我想当面跟你说。你一定不要放弃！没有演出也要天天去练功、拉戏，不要辜负自己这么多年的努力！"听到这里，张玲的眼睛已经被泪水模糊。看着师父离去的背影，她默默在心里发誓："师父放心，我会一直坚持努力，不辜负您对我的期望。"

:: 刘琪在张玲拜师仪式上发言

近些年来，全国各地有许多学生跟随刘琪学习，都想拜在其门下，刘琪均婉言谢绝。有一次，张玲问起原因，刘琪说："玲，不是我不想收徒，只是京剧艺术博大精深，不拜我为师，她们还可以跟许多好老师学习；不拜我为师，我也会用心地将我毕生所学传授给她们。好好教戏、好好传承比什么都重要。"2010 年，张玲与师父一样，从舞台走上讲台，努力将师父的艺术精髓传给自己的学生。步入教育领域的这些年，张玲的学生纷纷以优异的成绩考入理想的大学，进入全国各个京剧院团工作。

:: 张玲演出《虹桥赠珠》后与刘琪合影

徐滢跟随刘琪学戏已有20余年。大学二年级时，她由武生改习武旦，有武生基本功的她感觉武旦很简单，认为只要由“丁字步”变为“踏步”、由“大嗓唱念”改为“小嗓唱念”等外形和声音的改变加之一身好功夫就可以演好武旦的角色。直到跟随刘琪学戏后，她才明白何为武旦。刘琪每天早晨七点半开始上课，严寒酷暑，风雨无阻，赶在正式排戏前先拉一遍《扈家庄》再学新戏。舞台上没有镜子，刘琪就将徐滢带到卫生间对着镜子练。刘琪在徐滢身后，拿着她的两只手一起走动作，让她感受腰、肩、背、手的配合，扶着她的肩告诉她旦角肩运转的方向、劲头在哪里，哪里需要软下来等，然后再做示范，让徐滢扶着她的肩膀感受动作的幅度、柔韧的角度以及动作和气息的配合。师徒俩在镜子前反复练习着“揉”的动作，让路过的同事们都非常羡慕。徐滢坦言：“刘老师像女娲造人一样耐心细致地教我，先捏出我旦角的筋骨，再塑就我旦角的神情，用这种‘揉’的方法让我慢慢放下武生的习惯，体会旦角的‘柔’，就这样反复练习让我脱胎换骨，把我从假小子捏成了小姑娘。”

刘琪评价学生徐滢：“凡是你教的，她都去理解都去练。目前她的《扈家庄》应该说是最好的，做工轻盈稳健，塑造人物情感丰富。因此，她参赛的《扈家庄》获得银奖。她能取得今天的成绩，不仅仅得益于我的培养。她以前学过武生、老生，米福生、叶蓬等先生都教过她，给过她最好的指导。她确实学得也多、理解得快，演什么角色兜里都有财富，演什么角色都有好戏。她将来教学也会是一肚子的东西，因为都是跟优秀的老师们学来的。”

:: 刘琪教授徐滢《打焦赞》

:: 徐滢演出《小放牛》后与刘琪合影

:: 徐滢与刘琪合影

2012年，国家京剧院优秀青年演员展演暨第六届中国京剧优秀青年演员研究生班、首届中国京剧流派班学员汇报演出中，潘月娇在《虹桥赠珠》中饰演凌波仙子、在《杨门女将》中饰演杨七娘，受到观众欢迎。潘月娇说："刘老师不但是好演员，更是好老师，每个学生在刘老师的指点下都大变样。刘老师要求每个学生必须踏踏实实练习，一招一式规规矩矩。参加青京赛之前，为了一出《扈家庄》，我跟老师每天早上在练功厅拉戏，可谓几年磨一戏，那段时光是我艺术生涯中最美好、最难忘的记忆！刘老师的这出戏是一部教科书式的剧目，跟随刘老师学戏的学生若想有所提高、进步，必须把这出戏掌握到位。老师低调谦和，对人生和艺术有着坚韧不拔的执着与追求，这种精神始终是激励我不惧风雨前行的动力。"

:: 潘月娇演出《盗仙草》后与刘琪合影

:: 潘月娇演出《虹桥赠珠》后与刘琪合影

:: 王雪松、潘月娇演出《小上坟》后与刘琪合影

大约 12 岁的时候，闫虹羽在天津观看了刘琪演出的《扈家庄》，那次演出带给她极大的触动。她随即央求父亲，表示想跟随刘老师学戏，父亲却说，以她现在的基础，还不具备向刘琪这样高水准的老师学习的条件，“你的基础不够扎实，学起来也难以明白，老师教起来会很辛苦，如同用大炮打蚊子一般”。父亲鼓励她多夯实几年基础，再去找刘老师学习。大学毕业后，闫虹羽被分配到天津京剧院，这才终于有机会向刘琪求教，学的第一出戏便是《扈家庄》，老师为她修正了诸多问题。之后她又接连学习了《小放牛》《武松打店》《打焦赞》《八仙过海》，还在第五届中国京剧优秀演员青年演员研究生班学习了《小上坟》《盗仙草》。她也凭借《扈家庄》获得了 2005 年 CCTV 第五届青年京剧演员电视大赛金奖。在与刘老师学习的 20 余载里，闫虹羽体悟到刘琪对待学生的真诚认真、不辞辛劳、亲切和蔼，老师的谆谆教诲深深镌刻在她的心中，指引她始终保持正确的方向。

:: 闫虹羽录制音像《小放牛》后与刘琪合影

:: 闫虹羽录制音像《扈家庄》后与刘琪合影

:: 刘琪给闫虹羽第一次上课《扈家庄》时合影

1998年的暑假，孙丽有幸跟随刘琪学习《扈家庄》这出剧目。“刘老师是一位极其亲切和蔼的人，身上毫无一丝架子，有时甚至会流露出孩童般的可爱。”教授《扈家庄》时，刘琪的每个字、每句唱腔、每个动作和眼神都精确到位，其节奏和锣鼓点的讲解更是清晰明了，没有半点模糊之处。孙丽深深地被刘琪的艺术魅力所吸引，老师也始终给予她鼓励，令她信心倍增。

进入大学后，刘琪依旧关心她的成长，时常提醒她多学文戏，加强表演训练。刘琪对待每个学生都极其认真，只要对方愿意学习，她都会倾尽全力去教导。如今，已是上海戏曲学校一名武旦教师的孙丽坦言，她从刘老师身上学到了很多宝贵的知识，对她的教学工作也产生了深远的影响。“她不仅是我的良师，更是我的家人，陪伴我走过了许多成长岁月。”

:: 刘琪为孙丽说《扈家庄》

:: 孙丽演出《扈家庄》后与刘琪合影

1995年起，北京京剧院的孟蕊开始跟随刘琪学戏。孟蕊学的第一出剧目就是《扈家庄》。那时只有十五六岁的她做什么动作都使不上劲儿。刘琪根据她的条件因材施教，寻找问题的本源，并帮她更加干脆利落地完成动作。孟蕊说："刘老师告诉我每个动作间要有空白，比如亮相前缓手要快，停留要果断，变脸要脆，再加上锣鼓的配合。"孟蕊自认为并不是很聪明的学生，觉得自己理解能力不强，开窍慢。但刘老师耐心地辅导她、指出她的错误，每次上课都边讲解边示范，细致入微，令她自卑胆怯的心里埋下了一颗自信的种子。经过刘琪的点拨，孟蕊逐渐能够举一反三：《打焦赞》中她尝试用表情与动作体现杨排风的伶俐、直爽、干练、直言直语；《小放牛》中她将田园小姑娘的纯真可爱表现得活灵活现；《武松打店》让她明白，并非会翻会打就是孙二娘，演员要演出孙二娘辣、狠、爽的性子；《八仙过海》的每个绸花要把手甩到最高点，再让绸子慢慢地飘下来，以体现灵动飘逸之感。

:: 刘琪给孟蕊说戏

:: 刘琪与孟蕊合影

吴桐回忆起与刘琪学习的过程时表示："和刘老师相识并学习要从 22 年前谈起。那时我刚刚步入国家京剧院的大门，懵懂间只觉得自己学得太浅、会得太少，幸亏遇见了我人生中至关重要的刘琪老师。我和刘老师学的第一出戏是《武松打店》，这是一出非常吃功的短打武旦剧目。老师要求很严，但绝不会因为我理解不了而发火。她一遍遍地给我们讲身段、讲技巧、讲人物，这让我对武旦有了全新的认识。师姐妹们都说，和刘老师学的每一出戏，都像是上了保险。我向老师学习了《武松打店》《打焦赞》《扈家庄》《小放牛》等诸多剧目，老师的教授令我受益一生。"

:: 吴桐和刘琪、李景德、张连祥等人合影

:: 刘琪教授吴桐、徐孟珂《扈家庄》

:: 刘琪给吴桐示范《小放牛》

:: 刘丽玲演出后与刘琪合影

1995年，刘丽玲因其所在学校备考全国梨园杯基功大赛，有幸通过李景德老师认识了刘琪老师。在刘丽玲看来，刘老师技艺高超、身段规范、品格谦逊，更是不厌其烦地给当时还年轻的她们做示范，使她这个名不见经传的中专生一举拿下了全国第一。1996年，山西省即将举办教师示范大比拼，为了提升技艺，刘丽玲特地请刘琪老师为其说《扈家庄》。刘老师闻后，当即坐着火车到了山西。当时学校的条件很差，练功房紧张，老师毫无怨言，每天要从很远的住地到青年团排练，一遍又一遍地为她纠正动作，反复示范，毫无保留传授并严格要求，同时也给予她无微不至的关心和鼓励。最终，刘丽玲凭借《扈家庄》一举拿下1996年杏花表演奖和山西省教师示范大赛一等奖。

:: 刘琪与刘丽玲合影

宋云飞说："跟刘老师的相识得益于谯翠蓉老师的介绍。2011 年，我考入国家京剧院，经谯老师介绍，我开始跟随刘老师学习。两位老师都是武旦行当，对我格外好，常常一起商量我在艺术上所需提升的地方和我需要学的戏。刘老师给我的第一印象是和蔼可亲的奶奶，说话很温柔，但做起示范来美、帅、脆。我跟随老师学戏，从 2012 年底直至今日。我个头略高，四肢较长，老师会根据我的条件进行教授，甚至是对念白的气口作出调整。每次演出她都在后台把场，就连响排统排都盯着。刘老师待我就像待自己的孙女一样，在艺术上、生活中都给予我无微不至的关心和爱护。"

:: 刘琪教授宋云飞

:: 刘琪教授宋云飞、靳智棋《小放牛》

:: 刘琪与宋云飞及众人在演出《扈家庄》后合影

很小的时候，白玮琛就是刘琪的戏迷，“几乎是看着刘老师的《扈家庄》长大”。工作后，她听到许多关于刘琪的事迹，最激励她的便是刘老师坚持每天练功，直到退休。2015 年，经高牧坤介绍，白玮琛得以和自己的偶像相识并开始学习《扈家庄》。她眼中的刘老师既是名师又是明师，既有舞台经验，又有教学经验。学习的过程是枯燥的，每天七点半上课，闲余时间复习、练功，风雨无阻，用刘琪的话说就是：“下刀子也要上课。”跟随刘琪无数遍的练习、无数遍的拉戏让白玮琛改掉了很多毛病，也让她更深入地认识到武旦之美、获得了质的飞跃，助力她在艺术道路上走得更稳更远。除了学习《扈家庄》，她还陆续向刘琪学习了《小放牛》《打焦赞》，每学一出戏，刘琪都强调从人物出发，表演要自然，由心而生，不能为了做动作而做动作，也不能为了演戏而演戏，“这是对一名成熟演员最基本的要求”。

:: 刘琪教授白玮琛《扈家庄》

:: 刘琪与白玮琛及家人合影

:: 刘琪与白玮琛合影

张琦跟刘琪老师学习了《扈家庄》《小放牛》《打焦赞》《武松打店》《小上坟》《盗仙草》《虹桥赠珠》几出剧目，其中令她印象最深刻就是前3出戏。刘琪上课的时候一直强调刻画人物的重要性，认为这就是表演的精髓所在。她提醒学生们："在饰演扈三娘这个人物时，就要体现出她的英姿飒爽；在表演《小放牛》这出戏的村姑时，就要刻画小姑娘的天真和可爱。虽然杨排风和村姑这两个角色年龄相仿，但是一定要表现出差异，杨排风是天波府里烧火的丫头，但是她身上又有一身的武艺，内心有一种很强的社会责任感，而且天不怕地不怕，所以在体现人物性格的时候一定要有所区别。"刘琪除了给学生们灌输刻画人物的观念，还让张琦加深理解合理运用锣鼓，用锣鼓支撑着表演节奏，可以帮助塑造人物性格，所以要求张琦一定要把每一个锣鼓点都准确地派上用场。张琦记得学《打焦赞》的时候，刘琪就嘱咐她们，无论唱、念还是动作都要锣鼓点精确地配合好。张琦说："老师在课上把每个动作都讲解得特别到位，眼睛看哪个方向、胳膊在哪个角度、身子不能转过了、脚底跟几步等，每一个姿势都是有定数的。现在我还记得，老师跟我们讲演戏不能演着演着就'旧了'，无论演了多少次，每一次看上去都得特别'敞亮'"。刘琪对于艺术的热爱、执着和奉献的精神一直鼓舞着张琦砥砺前行。

:: 刘琪与张琦合影

:: 葛萌演出《扈家庄》后与刘琪、刘习中、寇春华及夫人黄琴生、林琳、陈淑芳、徐畅、张小清、吴泽宇合影

2016 年，刘琪为全国青年教师学习班教课，任教 4 期，教授《打焦赞》《扈家庄》《小放牛》《盗仙草》，葛萌则是跟课的得力小助教，在《杨门女将》中饰演杨文广。起初刘琪非常担心，因为要想演出孩子的灵气并非易事。为了帮助葛萌，刘琪向她传授知识和心气。葛萌最终不负众望，与剧院众多艺术家同台演出的经典剧目《杨门女将》引起了热烈反响，刘琪也感到非常高兴。

葛萌说："和刘老师相识是在大学时期，那时我正在学习《扈家庄》。这出戏看似简单，实则难度很大，刘老师花费很长时间才把我的问题纠正过来。在老师的细心教导下，我学习了《小放牛》《打焦赞》《虹桥赠珠》，取得了很大进步。刚入京剧院，我信心不足，因此刘老师每次上课都会特别鼓励我。记得在我演出专场时，刘老师坐在台下。偶然间，

我看见老师在观众席朝我竖起大拇指，这让我收获了强大的能量。刘老师对我们要求严格，对自己则更加严格。冬天天还没亮，我们就开始拉戏；学生演出前夕，她常常夜不能寐，反复琢磨各种细节的处理和动作的设计，80 多岁的老太太比我们精神头还足。老师曾说：'下雹子我也要来上课！'"

:: 葛萌协助刘琪教学

:: 刘琪与葛萌合影

:: 刘琪与张慧鑫合影

张慧鑫是中国戏曲学院毕业的研究生，跟刘琪学戏时正赶上报考国家京剧院。她在初试与复试时分别展演了刘琪所授的《扈家庄》与《打焦赞》，顺利通过了考试，成为国家京剧院的演员。刘琪回忆："我听了这消息别提多高兴了，不单是通过教学帮她找到了工作单位，更开心的是她能像我一样，为戏曲事业奋斗一生。"

张慧鑫说："我跟刘琪老师上课源于一次巧合。身边有这样一位好老师，我常常觉得幸福而骄傲。记得一次上课前，老师分给我们每人一个豆包，里面的豆子多得面都裹不住，这是老师希望大家的肚囊儿都能像豆包一样富裕。进团第一次演《扈家庄》，我给老师打电话，请她帮我加工，老师二话没说就答应了。当时我不知道，老师头天在家里摔了一下。

转天抠戏，她只字未提这件事，直到无意间撩起衣服，我才发现她的肋骨处有瘀青。在我的追问下，老师才把她摔了一跤的经过告诉我。她说：‘孩子，这是你第一次演出，只要我能动，我一定来，哪怕做不了示范，我就是坐着也得给你看一遍。’”

:: 刘琪教授张慧鑫《扈家庄》

:: 刘琪与张琦、张慧鑫、葛萌合影

秉承着刘琪的教育思想，刘琪的徒弟张玲在展示教学成果的同时，也希望她的学生未来发展能够更上一层楼。2014 年的夏天，张玲将学生张雅雯介绍至刘琪老师处，年轻的雅雯幸运地得到了与这位前辈名家学戏的机会。刘琪教授雅雯多部剧目，尤其是《扈家庄》和《小放牛》两出戏让她受益匪浅。张雅雯说："《扈家庄》从张玲老师教授到刘琪老师加工提高，我对其有了更为深刻的理解，之后拿这出戏参加了京津冀武戏武功展演，毕业考大学、考剧团也是凭借它。《小放牛》我跟随刘老师学习两三遍，刘老师把每个动作和节奏说得细致入微。16 岁时，我将从刘老师那里学得的经验分享给更小的妹妹们，刘老师还打趣地叫我'小张老师'。现在我如愿进入剧团成为专业演员，还是经常跟着刘老师上课。每次见面刘老师都要问我的近况，督促我练功，关心我未来的发展。"

:: 刘琪教授张雅雯《打焦赞》

:: 刘琪与张雅雯合影

:: 张玲携学生张雅雯与刘琪合影

刘琪在中国戏曲学院附中教授过布尼王茜6年，先后教授了她《扈家庄》《打焦赞》《小放牛》《小上坟》《八仙过海》《武松打店》《虹桥赠珠》《盗仙草》等剧目。附中毕业公演，布尼王茜的大轴《扈家庄》获得了大家的一致肯定。

:: 刘琪携孙子裴大玺与学生布尼王茜演出《小放牛》后在后台合影

:: 刘琪与布尼王茜合影

:: 布尼王茜演出《扈家庄》后与刘琪合影

:: 2014 年 11 月 6 日，张暖、吴建平、刘琪、柴亚玲彩排《小放牛》后合影

2013 年，北方昆曲剧院的柴亚玲与刘琪老师相识，并开始学习《小放牛》。2017 年大年初二，柴亚玲在北京梅兰芳大剧院演出《小放牛》，刘琪得知演出消息后，毫不犹豫地前去观演。刘琪温暖地对柴亚玲说："过年不过年的，不用害怕耽误我休息，只要你演出好就行。"2017 年 1 月中旬至 2 月 7 日正式演出期间，每天清晨 7 点，无论天气如何恶劣，刘琪总是坚持来给她上课。刘琪对戏的热爱、对演出的珍惜、对职业的敬畏都深深地影响和激励着柴亚玲。刘琪不仅是一位艺术精湛的艺术家，更是一位充满智慧和爱心的导师。在刘琪的悉心指导下，柴亚玲得以窥见戏曲艺术的深邃与博大。刘琪的教诲如同明灯，照亮了柴亚玲艺术探索的道路。

1994 年，郭红玉刚刚调入吉林省京剧院，为培养青年演员，院里特地请来刘琪老师教学，自此，她开启了与刘琪学习的美好时光。单是《扈家庄》《虹桥赠珠》这两出戏，她就跟随刘琪扎扎实实地学了半年，为日后的学习奠定了基础。30 年来，郭红玉向刘琪老师学习了《扈家庄》《虹桥赠珠》《盗仙草》《小放牛》等剧目，身段、表演、基本功均打下了良好基础。刘琪对学生的要求既高且严，刚学《扈家庄》时，光是“上场”就学了一个星期，眼神、剑穗、手抬到哪、腰用的劲头等，刘琪都要求必须到位。早年间，郭红玉只要有时间就去北京找刘琪，学戏。刘琪也直接让她住在家里，白天带领她去国家京剧院说戏，晚上回家后，刘琪的爱人——裴有权老师还为她们做酒焖肉。刘琪一直是郭红玉的榜样，尤其是她每天坚持练功的精神一直感染着郭红玉，激励她也保持每天练功的好习惯。2016 年、2019 年，郭红玉专程到北京找刘琪加工提高《扈家庄》《小放牛》。她认为，每个时期、每个年龄段演出的感觉都不一样，刘琪对一招一式、一颦一笑的再次加工让她又有了新的提高。

:: 郭红玉演出《扈家庄》后与刘琪合影

新疆乌鲁木齐市京剧团孙佳佳与刘琪结缘于2015年中国京剧艺术基金会主办的第四届艺术院校京剧专业中青年教师高级进修班。由于远处新疆，学习机会难得，孙佳佳带着未满10月的婴儿赴京学习，刘琪得知后，怜爱地昵称她为“十月”，师姐妹间至今仍如此称呼她。跟随刘琪学习的这些年里，老师亲力亲为的示范和不遗余力的讲解深深地感染着她，鼓舞她在新疆的戏曲舞台加倍努力地扎下根去。

:: 2015年7月，孙佳佳参加中国京剧艺术基金会主办的第四届艺术院校京剧专业中青年教师高级进修班向刘琪学习《小放牛》

:: 2016年5月，孙佳佳参加中国京剧艺术基金会主办的第四届艺术院校京剧专业中青年教师高级进修班在京汇报演出，表演《小放牛》

:: 2018年9月15日，80岁的刘琪应中国艺术基金会邀请，赴新疆乌鲁木齐市京剧团指导孙佳佳排练演出《打焦赞》

:: 刘琪为学生缝制服装

:: 刘琪教学场景

:: 刘琪给学生做示范

:: 宋云飞、潘月娇、刘琪、谯翠蓉、于魁智、黄桦合影

:: 刘琪 80 岁生日与学生们合影

:: 刘琪与学生徐滢、孟蕊、白玮琛、葛萌、张慧鑫、张雅雯合影

:: 刘琪与学生合影，后排左起：白玮琛、潘月娇、刘琪、安丽娜、宋云飞。前排左起：葛萌、张雅雯、张慧鑫

:: 刘琪与学生们合影，后排左起：孟蕊、张慧鑫。前排左起：张玲、刘琪、张琦、葛萌

:: 刘琪与学生们合影，左起：葛萌、孟蕊、刘琪、宋云飞、张琦、吴桐、张慧鑫

第二节

桃李广布

国粹传承

:: 关肃霜剧照

作为京剧界武旦名家，刘琪也像她的老师们一样，力求将自己丰富的舞台经验传授给更多的年轻演员。2014 年，她在中国京剧艺术基金会主办、天津艺术职业学校和上海戏剧学院附属戏曲学校承办的第三届京剧专业中青年教师高级进修班给青年教师上课，把《打焦赞》的学习过程和体会一一说给他们听。“我教他们一点一滴，一步一神气。我从关肃霜老师那里学来，把对人物的理解、技巧等都贯穿到自己的血脉里。每一处表演，每一个动作，我都是杨排风。这不是一般的武戏，不是重复程式动作，而要把程式融入角色当时的喜怒哀乐和环境情节中。我演的时候自己觉得充实，杨排风也有了灵魂。比如说对打，套数里都得有感情，一唱一动都得有节奏。一打，呦，那得偷偷看看、偷偷地乐，都有孩子气、灵活劲儿。因此，除了花旦、武旦、青衣，还必须学昆曲。没有昆曲，稳不住，坐不住，准不了——这就是我这么多年演戏和教学的体会。”

2015 年 3 月 11 日，进修班在北京举办汇报演出。来自全国艺术院校的 57 位青年教师在刘秀荣、张春孝、刘长瑜、刘习中、陈国卿、刘琪、苏德贵等京剧名家的指导下，演出了《虹霓关》《打棍出箱》《四郎探母 · 回令》《时迁探路》等折子戏。

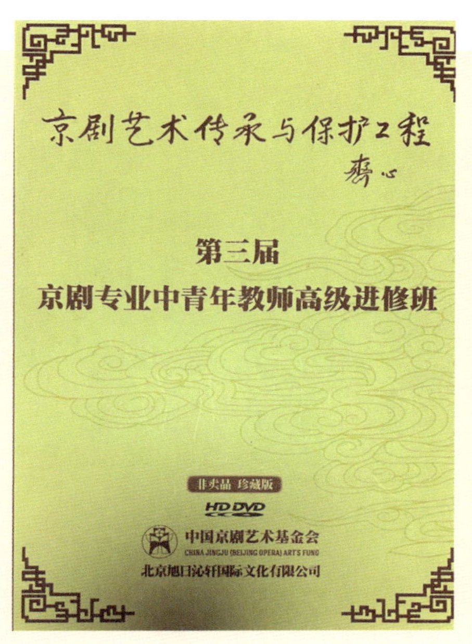

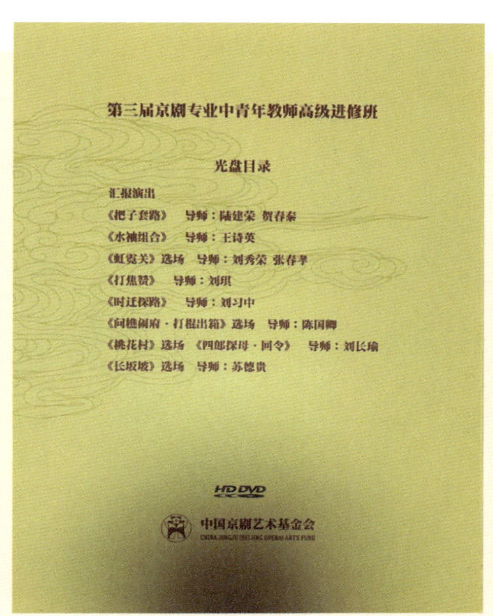

:: 第三届京剧专业中青年教师高级进修班授课专家合影（2014 年 8 月）

:: 刘琪在第三届京剧专业中青年教师高级进修班给青年教师们授课

:: 刘琪在第三届京剧专业中青年教师高级进修班给青年教师们授课

2008年，刘琪在由广东省文化厅、广东省繁荣粤剧基金会主办，广东粤剧艺术大剧院承办的“广东粤剧界表演艺术高级研修班”中为学员传授戏曲程式、行当表演的理论和技巧。

:: 广东粤剧界表演艺术高级研修班结业典礼合影

:: 刘琪在中国台湾教学，汇报演出后与学生合影

随着海峡两岸艺术交流的深入，京剧教育界的交流也日趋活跃。1996 年 9 月至 1997 年 1 月下旬，刘琪与中国京剧院几位不同行当的艺术家一同到中国台湾教学。刘琪授课《扈家庄》《虹桥赠珠》，3 位学生陈惠萍、戴心怡、游玮玲向她学艺。

刘琪介绍，这 3 位学生曾受教于李喜鸿先生，故唱、念、做、舞诸方面已具备一定基础但并不全面。从不会到会、由会到精、由精到深，需经过由浅入深、由此及彼的爬坡过程，方能进入高层次。刘琪从艺经历丰富，教学经验深厚，因此采取了“有教无类、扬长避短、以巧补拙”的方法。首先从实处着手，对学生的一戳一站、一举一动，眼神、台步、身段、枪花、串腕无不严格要求；集体拉戏与单独训练结合，使她们都能学到真东西、掌握真本领。3 位学生孜孜以求、发奋学习。对外公演时，刘琪为她们把场，从珠子挂钩到绸子摆放，甚至服装安排都考虑得细致入微。

刘琪说：“去宝岛台湾前，家人和朋友都劝我免此一行，说我岁数大了，受不得那个累了。但我向来是躲着潇洒走、专拣担子挑的人，所以肩上的担子总是沉甸甸的——这可能就是我的脾性和一点长处吧。”

:: 刘琪在中国台湾教学

:: 刘琪在中国台湾留影

:: 2012—2018 年，北方昆曲剧院院长杨凤一邀请刘琪教授北方昆曲剧院代培班武旦行当

:: 刘琪在北方昆曲剧院教授《武松打店》

:: 刘琪在北方昆曲剧院教授《武松打店》

:: 刘琪在北方昆曲剧院教授《武松打店》

【第五章】硕果累累

刘琪的艺术生涯中曾多次获得荣誉和奖励。1979 年她被评为文化部“三八红旗手”，1991 年获“世界风筝都中国京剧演员邀请赛最佳表演奖”，1992 年获“梅兰芳金奖大赛”旦角组金奖，1994 年起开始享受国务院政府特殊津贴，1996 年获得文化部教育司颁发的“全国中等艺术学校戏曲教学大赛团体决赛优秀园丁奖”，2012 年入选第四批国家级非物质文化遗产项目代表性传承人，2017 年获得中国戏曲表演学会颁发的“终身成就奖”。

1992 年，刘琪凭借《扈家庄》《小放牛》二剧参加梅兰芳金奖大赛，以精湛的表演夺得“梅兰芳金奖”。舞台上，她犹如鲲鹏展翅，从容不迫；疾步如风的圆场，双手掏翎的衔、抖、摆、涮、绕，惟妙惟肖地勾勒出女中英杰扈三娘的潇洒品貌与非凡武艺。作为参赛演员中年龄最大的一员，得知自己获奖时，刘琪的泪水奔涌而出。她表示，在自己 45 年的艺术道路上，从来没有想过参赛或得奖，只想尽量练习、提高水平以回馈观众。由于各种客观原因和自身天赋限制，刘琪没能演出很多大戏，对观众的掌声和称赞总感亏欠。对于时年 50 多岁的武旦演员来说，获奖翻开了她艺术生涯中的崭新一页。刘琪感慨地说：“我练功，只求能在舞台上实践，为观众献艺！京剧不能没有武旦，武旦就得吃苦。正是因为这个行当的生命比别的行当短，我才要加紧刻苦练功！”

作为参赛演员中年龄最大的一员，当我得知自己获得了“梅兰芳金奖”时，泪水怎么也控制不住。我这45年的艺术道路，没想着要参赛，也没想着要得奖，只是想对事业不能偷懒，要尽量练出好的水平见观众。由于种种客观原因以及自己的天赋条件所限，没能排出几台大戏，面对观众的掌声和称赞，我很内疚。今后不敢说生命不息奋斗不止，我只想说，在我精力能达到的情况下我将一如既往，尽力拚搏。

——刘 琪

下图为刘琪剧照

:: 《人民日报》1993 年 2 月 17 日星期三第八版刊登的刘琪获奖感言

1993 年 1 月 17 日，《人民日报》第一版刊登了“梅兰芳金奖大赛”评选结果，相关内容节选如下：“我国京剧尖子演员大赛——梅兰芳金奖

大赛（旦角组）评选今天在京揭晓，8 名优秀京剧演员获金奖，成为 90 年代‘八大名旦’。她们是：刘长瑜（中直）、李维康（中直）、杨淑蕊（北京）、刘琪（中直）、孙毓敏（北京）、薛亚萍（山东）、方小亚（上海）、王继珠（吉林）。‘梅兰芳金奖大赛’是由文化部振兴京剧指导委员会、中央电视台、中央人民广播电台主办，《中国京剧》杂志社协办的。2 月 25 日晚，‘梅兰芳金奖大赛’颁奖晚会在北京民族宫礼堂举行。”

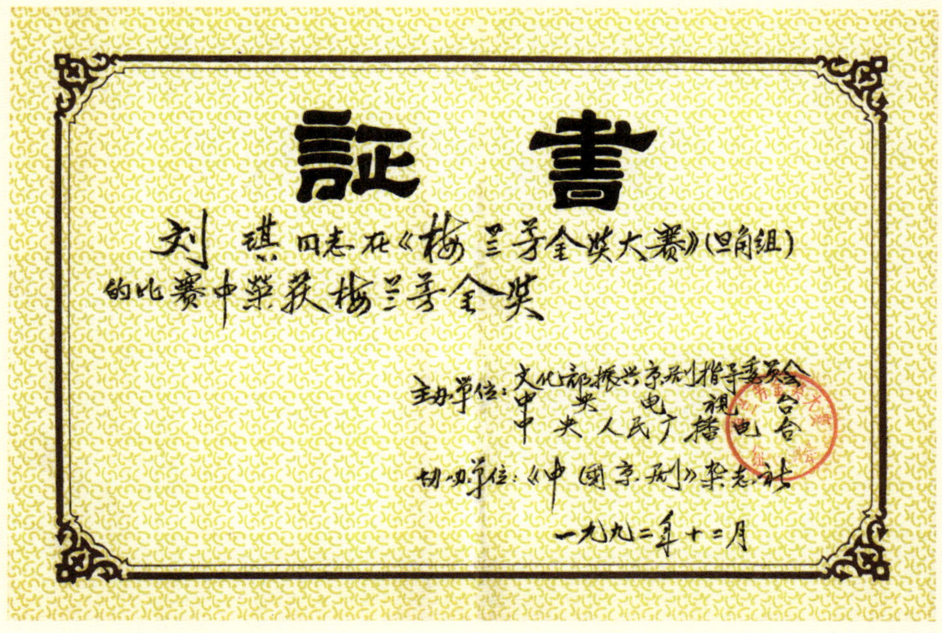

証書

刘琪同志在《梅兰芳金奖大赛》(旦角组)的比赛中荣获梅兰芳金奖

主办单位：文化部振兴京剧指导委员会
中央电视台
中央人民广播电台

协办单位：《中国京剧》杂志社

一九九二年十二月

:: 刘琪荣获的“梅兰芳金奖大赛”证书

《梅兰芳金奖大赛》金奖获得者

△ 刘长瑜

▷ 李维康

◁ 杨淑蕊

△ 刘琪

本版摄影：金　梅

▷ 薛亚萍

△ 孙毓敏

▷ 方小亚

△ 王继珠

:: 《中国京剧》1993 年第 1 期刊登的“梅兰芳金奖大赛”获奖者

刘柱 刘威 刘铮

〔刘柱·武警上尉·巧救人质荣立一等功〕 1993 年 3 月 18 日，武警总部决定，给巧救人质的吉林省总队浑江市支队机动中队代理中队长刘柱记一等功一次，同时由中尉晋升为上尉警衔

1993 年 2 月 1 日，吉林省浑江市发生一起歹徒持刀劫持人质案。歹徒系通化矿务局材料库装卸工人，因与一女青年谈恋爱不成，将女青年的姐姐挟持为人质，躲在一办公楼内，向政府提出要两支手枪、200 发子弹和一辆小轿车。声称，如果晚上 6 点前不满足这些要求，就将人质杀死。公安人员及犯罪分子的家属、亲朋反复做工作，均无效果。

晚上 5 点 45 分，刘柱奉命带 2 名战士赶到现场。他迅速察看了周围的环境和地形，提出立即疏散围观群众，将近处灯光熄灭，形成歹徒处于明处，我在暗处之势。为确保人质的生命安全，他提出枪击歹徒头部的方案。方案批准后，刘柱周密部署，巧妙地利用地形地物，与另一位战士找准最佳射击角度。当歹徒大喊还有 20 秒时，刘柱的枪口已对准其头部。歹徒大声数着：一、二、三，"三"字声音刚出，刘柱扣动了扳机。歹徒应声倒地，人质安然无恙。当地政府、公安机关和人民群众纷纷赞扬这位神枪手。

刘柱，1965 年 1 月出生，黑龙江省北安县人，1984 年 11 月入伍，1988 年 6 月加入中国共产党，中专文化程度。

〔刘威·影视演员·获第十一届金鹰奖最佳男主角奖〕 1993 年，长春电影制片厂演员刘威因成功地在 40 集电视连续剧《唐明皇》中扮演唐明皇李隆基，获第 11 届《大众电视》金鹰奖最佳男主角奖、第 13 届中国电视剧"飞天奖"优秀男主角奖提名，主演的《唐明皇》获"金鹰奖"优秀长篇电视连续剧奖、"飞天奖"长篇电视连续剧特别奖。

《唐明皇》描写了唐玄宗李隆基的一生，通过他近六十年的政治生涯、丰富的人生内容与情感经历，以及尖锐复杂的政治斗争与社会矛盾，展现了唐朝开元、天宝年间这一特定历史时期的真实面貌和唐王朝由盛至衰的历史过程。刘威饰演的李隆基，无论是二十六岁的英俊王子，还是七十八岁的耄耋太上皇，造型和感觉都非常到位，把青年、中年时期的刚毅、果断、风流、柔情，以至老年后的无可奈何而又不甘寂寞的几个性格层面都表现得淋漓尽致，成功地塑造了一代英明君主形象。《唐明皇》播出后，在国内外产生了极大影响。

刘威，1957 年 10 月生于长春市的一个干部家庭。17 岁考入吉林省戏曲学校学习相声表演，毕业后分配到吉林省曲艺团做相声演员。1980 年考入上海戏剧学院表演系，三年级时初登银幕，在《秋天的印象》中饰青年画家苏驰；四年级时，在毕业公演的莎翁名剧《哈姆雷特》中他演哈姆雷特，引起轰动。1984 年，到长春电影制片厂当演员，先后在《海滩》、《末代皇后》、《水鸟行动》、《关东大侠》、《初恋时，我们不懂爱情》、《红房间、白房间、黑房间》、《追杀刑警》、《关东女侠》、《女子别动队》、《天字号密令》、《你好，太平洋》等影片和《努尔哈赤》、《荒唐王爷》、《袁崇焕》、《陈翰章》、《唐明皇》、《冯白驹将军》、《京都纪事》、《只要你过得比我好》、《三国演义》等电视剧中扮演主要角色。其中《末代皇后》中的侍卫官李越亭是他最投入的角色之一，也是使陈家林导演对他从认识到赏识直到爱不释手的一次极为成功的表演。此后，他多次在陈家林导演的影视片中饰演重要角色，如《努尔哈赤》、《荒唐王爷》、《袁崇焕》中的清太宗皇太极，《唐明皇》中的唐明皇，等等。1987 年，刘威在《关东大侠》中扮演的正义多情的土匪头子关云天，以血性硬汉形象出现在银幕上，从而赢得了"硬派明星"的头衔，因此获第 8 届中国电影金鸡奖最佳男主角奖提名、第 8 届长春电影制片厂小百花奖优秀男演员奖和第 2 届中国电影表演艺术学会"学会奖"。

〔刘铮·著名人口学家·因病逝世·获中华人口奖〕 我国著名人口学家、中国人口学会会长、中国计划生育协会副会长刘铮，于 1993 年 8 月 1 日逝世，终年 63 岁。由中宣部、国家计生委、国家科委、中国计划生育协会、中国人口福利基金会发起设立的中华人口奖遴选于 1993 年 8 月 19 日揭晓，刘铮由于在人口理论研究方面作出的卓越贡献，获首届中华人口奖科学奖。

刘铮，1930 年出生于辽宁省新民县，1948 年进入华北大学学习，1950 年开始在中国人民大学任教，1953 年加入中国共产党。1973 年冬，刘铮受命组建了中国第一个人口研究机构。1978 年中国人民大学复校后，他任人口研究所所长。刘铮于 70 年代末创办了《人口研究》杂志并任主编。1981 年创建了全国第一个人口学系并兼任系主任。1985 年国家教委、联合国人口基金决定由中国人民大学建立中国人口学培训中心，刘铮任常务副主任。刘铮在学术上造诣很深，撰写了《人口理论问题》、《中国人口问题分析》等专著，为建立中国人口学学科体系奠定了理论基础。他否定了人口迅速增长是社会主义人口规律的说法，提出人类自身生产与物质资料生产要相适应观点，为推行计划生育提供了理论依据。他于 1979 年与他人合作提出"控制我国人口增长的五点建议"受到政府决策部门重视并采纳。他还为中国人口学会的发展，为增进中外人口学界的交流作出了很大努力，并于 1985 年当选为国际人口学研究机构联合会执行局亚洲委员。他主编的《人口理论教程》获国家教委优秀教材一等奖。

· 98 ·

刘清 刘淇 刘琪

〔刘清·粮站站长·被评为全国十佳青年服务明星之一〕 1993 年 10 月，历时两年多的全国商业系统"文明经营、优质服务、争创效益"活动落下帷幕。在这次活动中产生的"全国十佳青年服务明星"，10 月 12 日在北京披红戴花，接受党和人民授予他们的荣誉称号。湖北省钟祥市九里粮管所九里粮站站长刘清榜上有名。共青团中央和国内贸易部还同时授予他"全国新长征突击手"和"全国商业劳动模范"称号。

刘清，湖北省钟祥市人，1966 年 7 月出生，高中文化程度，中共党员，1987 年 1 月参加工作，职称为助理经济师。

九里粮站地处山区，坐落在远离县城 20 多公里的南山坡上。刘清初到这里时，粮站只有两栋粮仓，这里不通水，不通车，不通邮，血吸虫繁生，生活十分艰苦。刘清没有失望，而是下决心改变这一切，一干就是 6 年。为了更好地扎根山区粮站，他把年轻的妻子也接到了这里。他带领职工自力更生，积极创业。在几年中，起五更，睡半夜，利用业余时间挖墙基 112 立方米，挥锹平整场地 1890 平方米，装卸基建物资 2400 吨，奠定了拖拉机运输新型粮站格局。从 1989 年开始，效益明显上升，之后又是一年一个新台阶，在全省名列榜首。如今的九里粮站已今非昔比，8 栋高大的粮仓、8 个露天货位整齐地排列在院内，职工之家内，红旗两边挂，奖状四周摆，锦旗下面彩色电视机、录放像机、电子琴、录音机、卡拉 OK 伴唱机、智力电子游戏机应有尽有。一个场平路畅、绿树成荫、四季花开、果香四溢的新型粮站展现在人们面前。

生活富裕了，他们没有忘记为山区人民的生产、生活提供更好的服务。粮食播种前，刘清走村串户宣传政策，提供信息，发放定金。作物生长季节，他深入田间帮助农民防治虫害，提供培育技术咨询服务。粮食收购季节，他增设网点，增加人力，方便农民交售粮食。他看到农民用拖拉机交售粮食在一个上坡路段要把粮食卸下一半才能爬上坡时，主动花钱联系推土机将坡度推缓，从此农民拖粮入库畅通无阻。粮农吃油难，他打破只收不销的陈规，大力开展粮油的原成兑换，仅 1992 年就兑换了 42.5 万公斤。1992 年秋收旺季，站里收购资金短缺，他带头拿出积攒几年准备买冰箱的 2000 元，又找亲朋借款凑了 4 万元，职工们在他的带动下也纷纷出主意，想办法，筹齐 46 万元收购资金，共收购粮食 600 万公斤，创历史最高纪录，没有向农民打一张白条。

为帮助粮农发展多种经营闯出新路，刘清首先组织粮站职工开展"四种八养"活动。他利用节假日到武汉、襄樊等地学习海狸鼠、"艾维茵"肉鸡饲养技术，解决了一个个技术难题，使粮站和农民的多种经营效益稳步上升。粮站 1990 年多业收入为人均 2070 元，此后直线上升，到 1993 年已超过了 3000 元。在刘清和粮站的扶持下，粮站周围 4 个村人均年收入增加了 80 多元。刘清扎根山区小粮站取得的一个个成绩，获得省、地、市各级领导的好评。1993 年 3 月，他领导的粮站被评为"全国先进青年班组"。

〔刘淇·任冶金工业部部长〕 1993 年 3 月 29 日，江泽民主席根据第八届全国人大第一次会议的决定，任命刘淇为冶金工业部部长。

刘淇，1942 年生，江苏武进人。1975 年 9 月加入中国共产党。1959 年至 1964 年在北京钢铁学院冶金系炼铁专业学习，后考取炼铁专业研究生，1968 年毕业后，在武汉钢铁公司担任过技术员、工程师。1983 年任武钢炼铁厂副厂长。1985 年任武钢副经理。1992 年任武钢经理。是中共第十四届候补中央委员。

〔刘琪（女）·京剧演员·获"梅兰芳金奖大赛"旦角组金奖〕 1993 年，全国京剧最高层次评选活动——"梅兰芳金奖大赛"（旦角组）评选揭晓，54 岁的武旦演员刘琪荣登金榜，她与同行当演员相比，技高一筹，选票遥遥领先，成为武旦"首席"。消息传开，同仁皆赞："功夫不负有心人！"。

刘琪是"四小名旦"宋德珠之弟子，其技艺得宋派真传，此次以《扈家庄》、《小放牛》两戏参赛获奖。《扈家庄》是武旦演员的看家戏，饰扈三娘的刘琪一出场即光彩照人，她眼有神、手有准、脚有跟，动如行云流水，静如翠竹挺立。在几处走动中，根据自身条件，将宋派大步进身改为碎步逆跑圆场，身体大幅度内侧倾斜疾步如飞，形似苍鹰展翅滑翔，还加进提足长身的造型，更添人物美感。刘琪通过快速的翻身，纯熟的出手，背枪飞身而起，轻身而落的跳坐，刚健的涮腰仰面花儿，多姿变换的掏翎子亮相，骤雨击石般的快枪，紧凑火爆的档子，娴熟精湛的下场花儿，传神地表现了扈三娘的矫健和勇猛，同时又不乏人物的娇媚、俏皮和机趣。她同时演出的《小放牛》也具

· 99 ·

:: 刘琪登上《中国人物年鉴》（1994 年）

参考资料

[1] 北京市艺术研究所，上海艺术研究所 . 中国京剧史 [M]. 北京 : 中国戏剧出版社 ,2005 年

[2] 解玺璋，张景山 . 京剧常识 [M]. 上海 : 文汇出版社 ,2008 年

[3] 郑岩 . 那些年那些戏 : 那些国家京剧院偶像级的艺术家们 [M]. 北京 : 学苑出版社 ,2016 年

[4] 顾春山 .“交大”舞台展新容 [J]. 上海戏剧 :1983 年第 1 期

[5] 文川 . 功夫，乃是艺术家最无法衡量的财富——记著名武旦演员刘琪 [J]. 戏曲艺术 :1989 年第 3 期

[6] 巢顺宝 . 小武旦大演员——记中国京剧院优秀演员刘琪 [J]. 中国戏曲 :1989 年刊期不详

[7] 凌曦 . 刘琪表演艺术赏析 [J]. 中国京剧 :1992 年第 5 期

[8] 霍大寿 . 金榜题名时——刘长瑜漫笔 [J]. 中国戏剧 :1993 年第 3 期

[9] 金开诚 . 观赛漫谈录 [J]. 中国京剧 :1993 年第 1 期

[10] 曲文 . 梅兰芳金奖大赛在京颁奖 [J]. 中国戏剧 :1993 年 3 期

[11] 国家京剧院 . 排山倒海喝采声 休戚相关骨肉情——记中国京剧院赴台演出盛况 [J]. 中国京剧 :1993 年第 3 期

[12] 刘琪 .《梅兰芳金奖》演员艺踪何在 [J]. 中国京剧 :1993 年第 5 期

[13] 刘淑兰 . 一生拼搏终无悔——记梅兰芳金奖获得者刘琪 [J]. 中国京剧 :1997 年第 4 期

[14] 王世勋 . 京剧教育史上的一支劲旅——追忆东北戏曲学校京剧班教学 [J]. 戏曲艺术 :2001 年第 3 期

[15] 岭南 . 京剧名家为粤剧演员讲课 [J]. 南国红豆 :2008 年第 5 期

[16] 苏宗仁 . 戏曲舞台上的牛戏 [J]. 中国演员 :2009 年第 6 期

[17] 国家京剧院 . 感恩先贤敬畏传统——中国戏曲学院举办纪念首任校长田汉先生诞辰 120 周年系列活动 [J]. 中国京剧 :2018 年第 8 期

[18] 孟红 . 战火中飞扬的欢笑——知名艺术家赴朝慰问演出记 [J]. 党史纵横 :2010 年第 10 期

[19] 沈鸿鑫 . 京剧大师赴朝慰问演出 [J]. 传承 :2010 年第 9 期

[20] 宋官林 . 二十年后，再相会 [J]. 中国戏剧 :2012 年第 4 期

[21] 艾莉 . 戏曲表演人才培养应遵循戏曲规律 [J]. 戏剧之家 :2015 年第 10 期

[22] 佚名 ."令人难以忘怀的往事"——著名京剧表演艺术家刘秀荣深情讲述习近平总书记在正定工作期间关怀文艺工作者的往事 [J]. 中国文化报 :2015 年 1 月 22 日第 1 版

[23] 吴钢 . 传奇武丑张春华 [J]. 中国戏剧 :2018 年第 12 期

[24] 王熙 . 京剧身段表演形态的当代传承研究——基于京剧旦角传承人口述与文献史料的综合考察 [J]. 戏曲艺术 :2023 年第 3 期

[25] 谢雍君 . 近十年京剧艺术传承研究 [J]. 中国非物质文化遗产 :2023 年第 1 期

[26] 国戏回顾：东北戏曲实验学校与中国戏曲学校 . 中国戏曲学院官网，2010 年 9 月 14 日，https://70th.nacta.edu.cn/gxhg/6923dc7fdcf5459ababc0b758b7ddcbb.htm

附录·刘琪大事年表

∴ 1938　出生于山东文登

∴ 1947　进入由刘兆琪办的安成舞台科班

∴ 1950　转入东北实验戏曲学校

∴ 1953　随中国人民赴朝慰问团赴朝鲜演出，获得中国人民赴朝慰问文艺工作团第二团荣誉奖状

∴ 1955　东北实验戏曲学校并入中国戏曲学校，刘琪随之迁至北京

∴ 1959　从中国戏曲学校毕业，被分配到中国京剧院（现国家京剧院）

∴ 1959　为庆祝中华人民共和国成立 10 周年，随中国京剧院四团排演《虹桥赠珠》

∴ 1960　随中国艺术团赴拉丁美洲演出

∴ 1960　随中国文化艺术代表团赴缅甸演出

∴ 1961　在第 26 届世界乒乓球锦标赛开幕式演出《虹桥赠珠》

∴ 1962　在人民大会堂小礼堂演出《打焦赞》

∴ 1963　从中国京剧院四团调入二团

∴ 1964　参加庆祝中华人民共和国成立 15 周年献礼演出

∴ 1964　参加京剧现代戏观摩演出大会

∴ 1965　参加中华全国青年联合会第四届委员会全体会议，在人民大会堂作代表发言

∴ 1973　调至中国戏曲学校从事教学工作

∴ 1977　调回中国京剧院，参加建军 50 周年演出《虹桥赠珠》

∴ 1979　在河南许昌巡演期间争取《扈家庄》恢复排演机会

∴ 1979　荣获文化部“三八红旗手”称号

∴ 1980　随中国京剧院赴香港演出

∴ 1982　随中国京剧院二团赴上海交通大学演出

∴ 1985　随中国京剧院二团赴河北定州演出

∴ 1991　荣获“世界风筝都中国京剧演员邀请赛最佳表演奖”

∴ 1991　参加徽班进京 200 周年系列活动

∴ 1992　荣获“梅兰芳金奖大赛”旦角组金奖

∴ 1993　随中国京剧院赴中国台湾演出

∴ 1993　随中国民族艺术团赴韩国演出

∴ 1994　收徒张玲（首位徒弟）

∴ 1996　赴中国台湾教学

∴ 2008　为广东粤剧界表演艺术高级研修班授课

∴ 2012　入选第四批国家级非物质文化遗产项目（京剧）代表性传承人

∴ 2014　为第三届京剧专业中青年教师高级进修班授课

跋

"琪"树育桃李，武旦薪火传

因为参与编写"国家京剧院艺术家系列丛书"中刘琪老师一册，我荣幸地得到了走近国家京剧院著名武旦表演艺术家、教育家刘琪老师的机会。越是走近，越觉得这位青年演员口中的"刘老"，可亲、可爱、可敬。

青年时期的刘琪，是同学、同事口中最用功的那个。每日晨曦微露，她就已在练功房挥洒汗水，压腿、踢腿、下腰，每个动作都反复揣摩、精益求精。为了练就扎实的基功，她不知疲倦地反复练习，脚掌和手掌都磨出了厚厚的茧子；为了使"出手"稳、准、狠，在无数个闻鸡起舞的日夜，她对着靶子投掷枪花，手臂酸痛亦不放弃。凭借这股坚韧不拔的毅力与对艺术的执着追求，她的技艺日益精湛，很快在京剧舞台上崭露头角，成绩斐然。

随着岁月的流转，刘琪从舞台的主角逐渐转变为艺术的传承者。在教育的园地里，她宛如一棵枝繁叶茂的大树，用自己的身躯为学生们遮风挡雨。她根据每个学生的特点因材施教，挖掘她们的潜力，一丝不苟地示范，把有关人物身份、性格、思想、情感的抽象概念和难以言传的种种感觉，转化成学生能够领会的具体的表现方法。无论是眼神的传递，还是技巧的法则，她都将其化作带有独特美学特征的表演程式倾囊相授，鼓励学生博采众长，技为戏用。

2024 年，国家京剧院筹备排演青春版《杨门女将》，曾经戏中少年英俊的“小文广”，转而成为年逾八旬最年长的指导老师。排练期间正值酷暑和雨季，刘琪老师日夜无休，跟剧组的年轻人同样作息，手里攥着小毛巾不停拭汗，即使豆大汗珠湿透后背也毫不懈怠，不知疲倦地亲自下场示范。虽然已是耄耋之年、满头银发，但刘老师一招一式仍旧英气逼人、气宇非凡，一颦一笑英姿飒爽不减当年，可以想见昔日舞台上的刘琪老师是何等的灵动洒脱。用现在流行的话说，恨不得立刻“考古”刘老师当年演出的视频一饱眼福。

2024 年 10 月 2 日，刘琪老师的学生葛萌在北京人民剧场演出《扈家庄》，刘琪老师提前一个小时抵达剧场，亲切地跟后台演职人员打招呼，帮大家理理衣服、整整道具，不停地叮嘱葛萌，指导她穿衣戴盔头的同时，见缝插针地交代注意事项。演出即将开始时，刘琪老师又忙不迭地从后台来到观众席，迈步走到第 7 排观众席，问她为什么不省点儿力气就坐第一排，她一脸认真地说：“肯定得坐中间，这样才能看得清楚，纠正毛病和不足。”嘴上说是严格要求，但刘琪老师全程聚精会神，不时领掌喝彩，“好！好！”毫不吝惜鼓励和欣赏。谢幕时，刘老师骄傲地跟旁边认出她的戏迷介绍：“萌萌是我的学生，才 20 出头，她好我就高兴了！”

刘琪老师总是亲昵地称呼她的学生们“乖乖”，对待每个学生都视如己出，这样的真诚赢得了师生们的互爱互敬，好似一个大家庭一般。本书中很大篇幅是学生们畅谈与刘琪老师在学艺与生活上的点点滴滴，饱含着真情实感。在刘琪老师的主导下，本书中关于教学的部分多番增删调整，生怕遗漏了某位学生。刘老师总说，多介绍宣传年轻人，她们渴望，也需要舞台！

本书搜集的资料多以刘琪老师口述为主，报纸、杂志、节目册刊登内容为辅，诸多精彩瞬间因时光的悄然逝去而依稀变得模糊，所议人、事、物因年代久远，偶有记录不清，更由于本人知识匮乏、查阅佐证资料不详等原因，定有疏漏之处。在此，我怀着诚挚且忐

忐的心，恳请每一位翻开此书的老师和读者，若发现其中存在的记录不清、资料不翔实或疏漏之处，不吝批评指正，让这本画传通过修正与完善，更接近理想中的模样。

搜集整理资料的过程于我是一次难能可贵的学习机会。感谢刘琪老师不厌其烦地答问和讲述，感谢国家京剧院对于“国家京剧院艺术家丛书系列”编写出版的重视；感谢王勇院长、魏丽云书记、袁慧琴总监、张勇群副书记、田磊副院长的信任；感谢本书的合作者、本丛书的常务副主编、创作和研究中心彭维主任给我的帮助，将诸多此前业已积攒成文的口述素材托付与我；感谢刘琪老师的学生葛萌共同参加本书的图文整理工作；感谢创作和研究中心周祉琦认真负责地搜集珍贵照片；感谢宣传和推广中心封杰、陈文静等一众伙伴的协助；感谢文化发展出版社周蕾老师认真负责地编审校对。

在与刘琪老师的交往中，我看到了前辈艺术家对于京剧艺术纯粹的热爱，与“为往圣继绝学”的文化自觉，也看到了年轻的艺术家们甘于寂寞，敢于从老师手中接过京剧传承的接力棒，勇毅前行的决心。在刘琪老师的悉心爱护与倾心教导下，一批又一批优秀的武旦人才崭露头角，传承着武旦艺术的独特魅力与精神内涵。刘琪老师的师恩、师德，也如璀璨星辰，永远镶嵌在学生们的心空，照亮她们前行的道路。

2024 年 11 月

作 | 者 | 简 | 介

鲍　婧

国家京剧院宣传和推广中心副主任，副研究员。研究方向为公共文化政策、非物质文化遗产保护、文艺院团管理、文艺评论等，多次担任国家京剧院“春之声”“秋之韵”等重要演出品牌以及《纳土归宋》《主角》等重点新创剧目的宣传统筹，在《中国戏剧》《中国京剧》等期刊和报纸发表论文数十篇，主持或参与多项省部级研究课题。

彭　维

文学博士，现任国家京剧院创作和研究中心主任，研究员。主要从事剧目策划、创作组织、戏剧戏曲评论、理论研究工作。参与近百台剧目策划与实施。独立完成学术论著《国家京剧院剧目研究》、传记著作《济世秋声》。主持国家京剧院口述史项目，担任执行主编，出版“难忘的记忆”丛书。参与策划、组织“国家京剧院艺术家系列丛书”，担任执行副主编；出版独立著作《瑜采流长：刘长瑜评传》、合著《瑶草琪花：俊美武旦刘琪画传》；编选出版《范钧宏现代戏剧作选》《小学生京剧一百问》等。中国大百科全书戏曲卷、中国京剧艺术百科全书词条作者。获得国家艺术基金“艺术专业与管理人才国际交流项目”资助，赴英国利兹大学访问交流。担任3项国家艺术基金课题负责人，1项杭州市级课题负责人，多项省、部级课题组成员。入选国家艺术基金青年专家库、文化和旅游部戏曲人才库、群众文艺专家库等。数次担任国家级、省部级艺术展演活动评委专家。在《人民日报》《光明日报》《戏曲研究》《艺术研究》《中国戏剧》等报刊杂志发表文章百余篇。获得第37届田汉戏剧奖·评论一等奖。

特约编辑：陈文静　葛　萌　封　杰　周祉琦